正念與心流

腦科學解說佛法

抗癌名醫 陳慕純
理學博士 孫崇發

著

目 次

【導　讀】獻給釋迦牟尼佛 …………… 004

第 1 章　執著與腦 …………… 009
第 2 章　執著四相 …………… 017
第 3 章　正念與冥想 …………… 023
第 4 章　心流破執著 …………… 031
第 5 章　恐懼根源 …………… 049
第 6 章　頭腦與熵 …………… 063
第 7 章　欲望調控 …………… 071
第 8 章　提升意識 …………… 087
第 9 章　四禪八定 …………… 103
第 10 章　於不二境 …………… 111
第 11 章　轉識成智 …………… 125
第 12 章　大腦網絡與佛法 …………… 141
第 13 章　量子力學、大腦與佛法 …………… 155
第 14 章　專注力、大腦與修行 …………… 167
第 15 章　大腦專注與唯識學 …………… 179
第 16 章　腦葉與佛法修行 …………… 191
第 17 章　腦波、量子與禪修 …………… 203
第 18 章　如何見如來 …………… 221

【導讀】 獻給釋迦牟尼佛

隨著近年來腦科學的發展，對於頭腦的各種功能，包括認知、思考、記憶、睡眠、情緒以及各種心理狀態，如焦慮、恐懼、憂慮等，都已有相當充足的資訊。孫崇發博士跟我在去年（2024年）出版《頭腦・意識・佛：量子轉識的科學》以來，深受讀者歡迎，那是第一部將頭腦科學與佛法，做跨領域的結合。

孫博士建議我們繼續將佛教經典名句，尤其《金剛經》、《心經》、《圓覺經》等，用現代腦科學來闡釋，這又是跨領域的挑戰。《金剛經》是一部打破執著的名著，「應無所住而生其心」是眾所知悉的名言；《心經》是一部打破恐懼的名著，以無的認知，破除恐懼；《圓覺經》是一部打破對立的名著，「不二隨順，於不二境」

是其名言。

我們今天所面對的自律神經失調、焦慮、恐懼、憂鬱等身心（頭腦）的問題，與 2500 年前釋迦牟尼佛所面對的問題，相當類似。佛陀當年就已經提出正念（八正道）與禪定（六波羅密）來解決頭腦的困境。

我們很驚訝地發現，佛法的正念（Right Mindfulness）與腦科學的心流（Flow）竟然完全一致。正念的五禪支，包括尋（注意力集中一目標）、伺（專注目標，保持注意力）、喜（對目標有高度興趣）、樂（快樂、知足）、一心（覺知的統一），此五步驟，與心流的步驟：放鬆專注、選擇目標、高度專注、打破執著、主客合一，可說是完全契合。四禪八定的腦科學研究內容，本書也

【導讀】

有相當的敘述。

心流是快樂的顛峰表現（Peak Performance），而頭腦的最高指令是快樂。因此心流也就成為現今相當重要的課題，體驗心流被認為能活出人生的意義。本書對心流有詳盡獨到的敘述。心流的兩大要素：創意與熱情，被認為是預防失智的關鍵。

我們更談到熱門的話題：預設模式網路（Default Mode Network；DMN），被認為是頭腦的暗能量，當負面能量卡住成迴圈時，即為執著的狀態。利用高度專注，打破執著，啟發創意，可以轉而體驗心流。其他，我們也討論腦皮質與佛教經典的關聯。

這部跨領域的著作，一直纏繞在我們的心頭，在

2024年4月某個下午，我正午睡時，夢中突現一片光明，我試著卻找不到光源，只感受孫博士與我被往上拉升浮起。瞬間醒來時，我的手機出現孫博士傳來 LINE 的訊息：佛陀知道我們正在做這個工作嗎？

這可以說是巧合（Coincidence），也可說是宇宙訊息的同步效應。剛完成這本著作，無限喜悅，由於這個奇特因緣，孫博士與我決定將此著作獻給釋迦牟尼佛。

希望讀者們能喜歡這本著作。

第 1 章

執著與腦

諸菩薩摩訶薩,應如是生清淨心,不應住色生心,
不應住聲、香、味、觸、法生心,應無所住,而生其心。

——《金剛經:莊嚴淨土分第十》

1-1 應無所住,而生其心

首先說明什麼是清淨心?我們很清楚生起如此的信念:不應住色生心,不要執著於外相,來生起菩提心;不要執著於聲音、聞香、嚐味、觸覺等五蘊,對身心外境一切都沒有執著,此即為應無所住的意思;對任何事物都沒有執著,然後再生起心,這就是「清淨心」。不執著的實證就是無住。

「應無所住而生其心」就是脫離一切的糾纏、煩惱、對立、不安等負面情緒,就在當下,打破執著,即能生起「清淨心」。

所謂的執著,心理學上稱為 Obsession,可以說是被某種事物所困住(卡住),無法脫身。近年來腦科學的研究,認為跟預設模式網路(或稱網絡)(Default Mode Network;DMN)有關,它被認為是腦的暗能量。

1-2 腦的暗能量:DMN

腦雖然小,卻是非常消耗能量的器官,腦內有一個區域特別浪費能量,那就是名為 DMN(Default Mode Network),預設模式網路,發呆或做白日夢時會變得活躍的區域的特殊神經迴路。DMN 是「沒在做有意識的活動時也在運作」的大腦基本迴路。實際上,腦是一種就算我們不做任何事情發呆時,也會不斷運作的特殊器官。

人不將注意力放在外在的世界時,預設模式網路會開始動作,此時大腦處在清醒的休息狀態,例如做白日夢或放空。而人在想著自己或他人,回憶往事或計畫著將來時,預設模式進入活躍狀態。

更深入的分析發現,在人們放空、閒置、發呆、甚至做白日夢時,DMN 更為活躍,也就是當人們在放鬆

休息時，大腦仍忙碌地進行許多活動。而這些看似紊亂的能量，來自於原本預設的模式，而這些紛亂的神經自由流動的狀態，和各樣「創造力」有關，也可能與「潛能」相關。

放任自由流動的狀態，使 DMN 消耗的能量足足占全腦所消耗能量的 60％。當我們有意識地去做某件事時，我們所需要的能量只多了 5％。這個事實很令人驚訝。DMN 簡直把能量都浪費在沒有意義的事情上了。此外，我們也可以說這證明了腦疲勞真正的原因出在 DMN。腦科學對於這種現象取名為「腦的暗能量」。

DMN 的能量並非完全是浪費，由於放任自由狀態，此現象稱為心智游移（Mind Wandering），也提供創造力的來源。天才大多喜歡孤獨的生活，因為獨處才能讓 DMN 自由地進行活動。

解剖學上，DMN 主要包括下列幾個構造：
1、後扣帶皮層（Posterior Cingulate Cortex；PCC）
2、楔前葉（Precuneus；PCu）
3、內側額葉皮質（Medial Frontal）
4、下頂葉（Inferior Parietal）

1-3　執著與 DMN

當無所事事，做白日夢的時候，DMN 的能量不斷自由流動，如果透過高度專注（Hyper Focus），活在當下，進入心流（Flow）就能呈現正面創造力。

可是相當多數的人，沒有生活目標，放任 DMN 能量流動，這時候容易衍生負面情緒；當設定在過去事件的時候，容易產生後悔、怨恨；當設定在未來事件的時候，容易產生焦慮與恐慌。

焦慮是負面情緒的火苗。孔子說：「人無遠慮，必有近憂」，就算眼前沒有掛慮，也會擔心明天可能會有問題。人們有數不盡的期待與落空，絕對不可能萬事如意。

期待愈多或愈高，伴隨的焦慮也會愈深。焦慮持續存在，並且在 DMN 不斷重複或深化，心裡的不安全感

愈來愈強,從而衍生恐懼。

持續的恐懼容易對外在的事物,產生不滿與憤怒的態度,更甚者衍生仇恨與對立,導致暴力的行為。持續的恐懼,對自己會產生壓抑,導致與外界疏離,造成憂鬱。

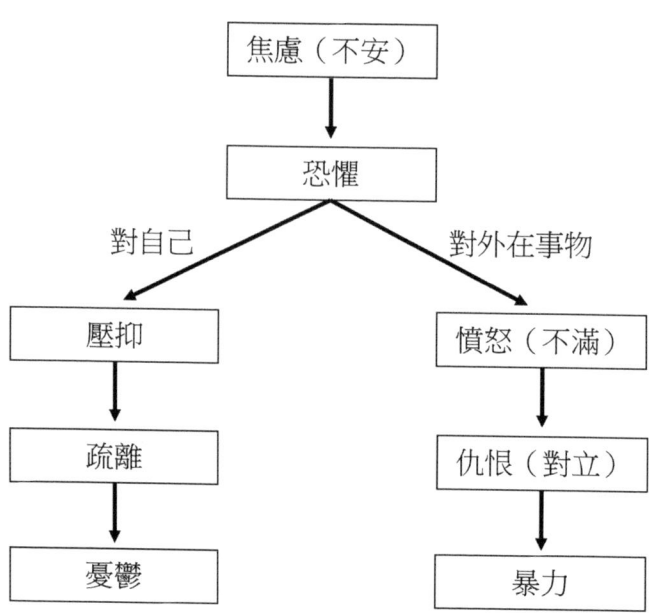

由於焦慮不安衍生的諸多負面情緒，是因為負面情緒的能量流動，在 DMN 不斷累積，形成自動化迴圈，結果形成有如卡在硬框裡，不容易打破。這種狀態就是執著（Obsession）。

生活沒有正面目標，遊手好閒，行屍走肉，抱怨連連。腦科學認為在 DMN 的自動化迴圈，尤其在後扣帶皮層（Posterior Cingulate Cortex；PCC）。

漫無目標，DMN　　　　　　　　正面生活目標，CEN
（後扣帶迴）　　　　　　　　　　（前額葉）
產生執著　　　　　　　　　　　　執行高度專注

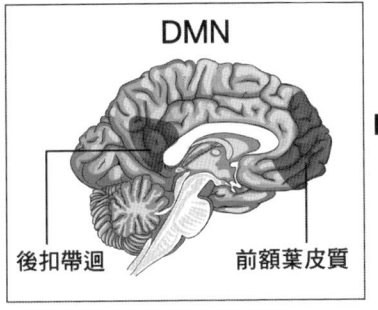
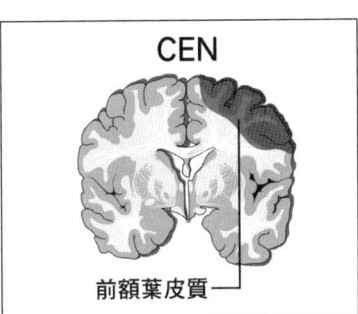

能夠設定正面生活目標，對於喜歡的正面事物，高度專注投入，活在當下，不斷學習，不斷挑戰，就能產生心流（Flow）。腦科學認為，此時 DMN 會轉給中央執行網路（Central Executive Network；CEN），由前額葉皮質負責執行。

第 2 章

執著四相

若菩薩有我相、人相、眾生相、壽者相,即非菩薩。
——《金剛經:大乘正宗分第三》

善男子!末世眾生不了四相,
以如來解及所行處,為自修行,終不成就。
或有眾生,未得謂得,未證謂證。
見勝進者,心生嫉妒。由彼眾生未斷有愛,是故不能入清淨覺。
——《圓覺經:淨諸業障章》

2-1 無我

　　什麼是「我相」？「我」指的是主宰（支配）的意思，執著我為一個永恆的主宰者，是為我相。在金剛經首先要建立的根本認知就是「無我」，不要相信一個不變的主宰，不要相信獨立存在於我。執著於獨立存在的我，將無法自在、解脫。

　　腦科學（心理學）認為我相的我，是以自我（Ego）主宰，為支配中心。以自我為中心，容易追逐身外之物，掌控身外之物的欲望，包括名譽、地位、權力、奢華、財富。沉迷於身外之物，也容易依賴毒品、菸酒與賭博。

　　眼、耳、鼻、舌、身等，前五識，佛法認為屬於欲界。我相是屬於前五識的執著。

　　什麼是人相？人相是第六識（意識）的執著，也是

欲界較高層次的執著，跟前額葉意志支配有關。腦科學認為這是執著於心智（Mind）的產生。在人際關係互動，容易執著於面子，跟他人惡性競爭或比較，因此容易衍生嫉妒、自卑、自我否定、抱怨的負面情緒，更甚者產生憤怒、恐懼、仇恨、壓抑等。

　　什麼是眾生相？眾生相是意識更高層次的執著，屬於色界，包括對於抽象事物的執著與認知的偏見。色界的內容是形式（Form）的、抽象的，包括意識型態、概念、觀念（地域）、語言、文字。目前世界因為意識型態的對立與爭執，產生很多悲劇與不幸，並沒有解決問題。人們也常因為語言文字的認知不同，產生問題與衝突。

　　什麼是壽者相？壽者相是意識最高層次的執著，也就是對無色界、時間（Time）的執著。時間關係著生死、生命本質的質疑，執著於生命會導致否定生命。生與死是生命的循環，要泰然處之。

2-2 四相表

	法界	腦科學（心理學）名稱	意識	執著（所住）內容
我相	欲界	自我 Ego（Desire）	一 眼識 二 耳識 三 鼻識 四 舌識 五 身識	名譽 地位 權力 奢華 財富 毒品 菸酒 賭博

	法界	腦科學（心理學）名稱	意識	執著（所住）內容
人相	欲界	心智 Mind	六 意識	面子 自傲自卑 抱怨 憤怒 仇恨 嫉妒 放縱 恐懼 壓抑
眾生相	色界	形式 Form	七 末那識	意識型態 概念 觀念（地域） 語言 文字
壽者相	無色界	時間 Time	八 阿賴耶識	生死

第 3 章

正念與冥想

觀自在菩薩，行深般若波羅蜜多時，照見五蘊皆空，度一切苦厄。

——《心經》

3-1 五蘊

廣義的說,當修行者實踐「觀自在」時,亦可稱為觀自在菩薩。菩薩全稱為菩提薩埵(ㄊㄚˋ),「菩提」為「覺悟」,即是對事理能如實明白,通徹瞭知人生的意義,由此努力邁向人生的圓滿究竟境界。「薩埵」為覺有情(有情即眾生)。因此菩薩是追求覺悟的有情,上求佛道,下化有情,即是覺有情的目的與理想。

根據《楞嚴經》所述,觀世音菩薩因地修行的時候,用般若殊妙觀察的智慧,深入耳根的法門,思維修習,入於三摩地,所以能夠聽聞音聲,而不被音聲所執著;而且能夠聽聞一切音聲,不會生起妄想分別,能夠反轉聽聞自性,不被音聲境界所轉動,而證得耳根圓通的法門,故稱為觀世音。

「般若」(Prajñā)為最高的智慧,「波羅蜜多」

（Paramita）為到彼岸。所謂到彼岸，是比喻人生為大海河川，從目前的此岸，到達理想境界的涅槃彼岸。

波羅蜜多的內容，包括佈施、持戒、忍辱、精進、禪定、智慧等六種波羅蜜，乘此六種波羅蜜的寶筏，即能到達涅槃的彼岸。

「照見五蘊皆空」是觀照生命的種種現象都是變化無常的；能容受一切變化無常的現象，即為空的狀態。因此體驗種種生命現象，皆處於空性狀態中。

「五蘊」泛指一切的物質與精神，佛法中即歸納有情的身心質素為五蘊——色蘊、受蘊、想蘊、行蘊、識蘊；五蘊亦稱為五陰。「蘊」有積聚的意思，即同類相聚。五蘊包括：

1、色蘊——色指物質，占有一定的空間，隨時間會崩壞。狹義方面，指的是肉體。
2、受蘊——屬於情緒感受，無論是彩色、音聲引起的反應。
3、想蘊——屬於認知作用，攝取外境的意象而形成心的意象，構成語言系統或認識系統。
4、行蘊——屬於意志作用，對外境經由心識的考

慮決斷，賦予身心的行動。
5、識蘊——即諸識（眼識、耳識、鼻識、舌識、身識、意識）的類聚。

「度一切苦厄」，由於照見五蘊皆空，如此體驗生命現象，就能解脫一切逼迫身心的苦難與禍患。

3-2 禪靜心

　　行深般若波羅蜜多，其中以禪定波羅蜜最受廣泛實踐；禪定即為冥想（Meditation），亦稱靜心。特別將禪（Zen）結合，稱為禪靜心（Zen Meditation）。

　　冥想是用靜坐（靜態）的方法，去打破執著，其方法是放下（Let Go），將注意力放在呼吸，透過深入的靜坐，讓意識經歷改變與深化，在佛法稱為四禪八定。（以後我們會深入討論）。

　　另外用於處理執著的方法，是八正道的正念（Right Mindfulness），它經常與冥想被混為一談。正念是透過正面覺察（Awareness；覺知），由開放專注（Open Focus）到高度專注（Hyper Focus），進入心流（Flow）顛峰體驗（Peak Performance）的喜悅力量，打破執著。這不同於放下（Let Go），而是突破（Break through）

的態度。

　　正念包括動態與靜態,著重於身心的療癒,是科學的實踐,去宗教化,去神祕化,避免談靈性的現象。冥想讓頭腦進入量子腦狀態,容易連結神祕化與宗教化;由於許多目前科學無法解說,因此容易被誤用。

　　正念可以被視為冥想的一種。

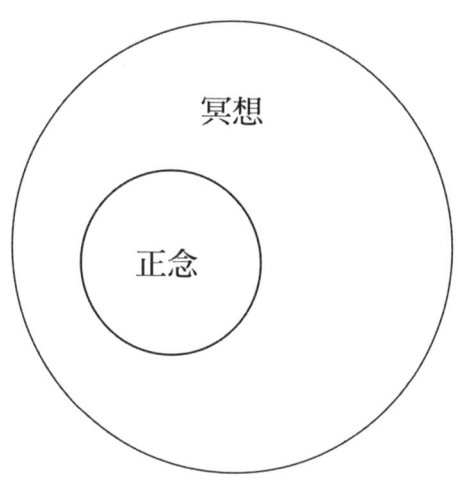

茲列表比較正念與冥想

	正念	冥想
實踐的方法	正面覺察,透過開放專注到高度專注,進入心流	靜坐讓腦袋放空靜下來 注意力放在呼吸,呼吸漸次延長
深入的狀態	進入心流(Flow)巔峰體驗的喜悅	進入催眠態(Trance)四禪八定
實踐狀態	動態與靜態	靜態
去執著的方法	活在當下,突破(Break through)執著	放下(Let Go)
宗教與神祕的連結	去宗教化 去神祕化	進入量子腦 神祕現象:神通、前世今生、宇宙信息下載(目前科學無法完全證實)

修練過程:建議先完成正念修練,樂在當下,進入心流,突破執著。以後再進入冥想禪定。沒完成正念修練,在冥想禪定的催眠態中,容易有走火入魔的現象。

第 **4** 章

心流破執著

如來說諸心,皆為非心,是名為心。所以者何?須菩提!
過去心不可得,現在心不可得,未來心不可得。

——《金剛經:一體同觀分第十八》

4-1　學會心流，樂在當下

　　如來所說的心，不是執著（所住）的心，不是執相的心，才是實相的心。金剛經的關鍵主題就是「心要離相」。不取諸相，即生實相，即名為佛。名稱與實際並不是同一回事。老子也有相同的說法：道可道，非常道；名可名，非常名。

　　過去心不可得，就是不要執著於過去；執著於過去，容易產生後悔，甚至自責的心理。現在心不可得，就是不要執著於現在；執著於現在，容易產生沉溺心理，找尋麻醉自己的身外之物，如酒精、毒品，或者盲目追逐名利、權力等。未來心不可得，就是不要執著於未來；執著於未來，容易產生焦慮不安，持續的不安容易產生恐懼與憂慮。

　　問題在於執著（所住）的心。腦科學（心理學）觀點，執著是將負面的情緒，不斷地在預設模式網路

（Default Mode Network；DMN）成為自動化迴圈，也就是卡在負面情緒的框框，不容易打破，稱為執著（Obsession）。（請參考第一章，金剛經：莊嚴淨土分第十，對 DMN 有詳細說明）

打破卡在 DMN 的負面情緒，要學習心流（Flow），讓情緒正面流動，不斷學習，在中央執行網路（Central Executive Network；CEN），由前額葉皮質，執行高度專注（Hyper Focus），透過不斷學習，產生心流。

DMN（後扣帶迴）　　　　　　　　CEN（前額葉）
　產生執著　　　　　　　　　　　執行高度專注

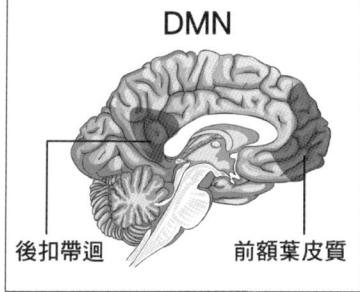
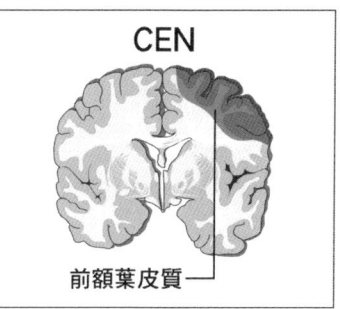

高度專注，產生心流，才能突破硬梆梆執著，這需要不斷正面挑戰與學習。

接著，我們談如何進入心流，這就是活出生活意義的主題，也就是所謂的活在當下；而心流是喜悅（Happiness）的顛峰表現（Peak Performance），我們認為可稱為樂在當下。

佛法強調人生要離苦得樂，需要學會心流，樂在當下。

4-2 進入心流的第1步：請先打破硬梆梆的身體

現代人的身體，有不少是硬梆梆的，原因很多：坐辦公桌、缺少運動、整天忙碌、上班緊張、情緒繃緊；用胸部呼吸。如果運動後，繃緊的肌肉沒有拉筋緩解，也會造成身體硬梆梆。

讓全身肌肉放鬆，有許多方法，而被動的方法包括：物理治療（水療、熱療、靜電）、針灸、按摩、推拿、三溫暖。被動的方法效果較為短暫。

肌肉主動放鬆的方法包括：瑜珈、皮拉提斯、氣功、有氧律動。這些往往需要專業的指導。尤其「呼吸」要由胸部呼吸改為腹部呼吸，特別是內核心呼吸。

另外進行式放鬆反應（Progressive Relaxation Response），透過自我催眠，加上腹部呼吸，也可以達到肌肉放鬆效果，也需要由專家指導。

4-3 進入心流的第 2 步：放鬆專注

打破硬梆梆的身體，也就是不讓身體被卡住；身體跟頭腦（心智）是一體的，身體被卡住，頭腦也會被卡住。

打破硬梆梆的身體，律動是最好的方法。

接著要打破卡住的頭腦，放鬆專注是進入心流的關鍵。狹隘專注會讓頭腦被卡住；開放專注會讓心智流動。

頭腦卡住會產生負面情緒，這說明了宅男宅女，容易有憂鬱傾向。放鬆專注會啟動副交感神經，容易開啟愉快的心情進行工作。

避免選擇執著、患得患失的目標，那是狹隘專注。建議選擇下列放鬆專注的目標：

1、賞花草園藝
2、雲彩星空
3、舞蹈音樂
4、武術氣功

可以考慮將快樂因素帶入工作中，達成放鬆專注，也有機會將工作成為心流。

4-4 進入心流的第 3 步：選擇進入心流的目標

放鬆專注，也就是打開擴大的視野。

進入心流需要有投入的工作目標；沒有目標的時候，會內耗能量。

如何選擇目標呢？

1、自己喜歡的事物，會激發探索的新奇心，進而不斷投入學習。
2、當下的正面回饋，能驅動自發投入的興趣。其實，學習新知本身就是正回饋；同時有收入、新認識的同好，會更加有驅動力。
3、學習過程往往需要拜師學藝；無師自通要到一定程度才可以。選擇有熱情、有啟發的老師最好。老師如果缺乏熱情，會降低學習樂趣。

教學相長，隨著學習成長，往往需要更好學的老師。

4、學習跟健康快樂、自然生命有關的主題。參加此方面的學習團體；如賞鳥賞花、歌唱舞蹈、氣功瑜珈、**觀星觀雲**、運動爬山。

　　持續的放鬆專注與投入，會發現自己進入高度專注狀態（Hyper Focus），也就是準備進入心流的狀態。

4-5 進入心流的第4步：高度專注即是活在當下

　　選擇讓您感興趣與投入的正面目標；持續的開放專注，就能達成高度專注。

　　最好也讓自己在工作上達成；這時就具備活在當下的能力，也就是快樂的能力。

　　快樂是一種能力，需要不斷學習；不是選擇出來的。選擇快樂，往往指的是快感（Pleasure）也就是感官的享受，這種快感容易消失。而透過學習，進入高度專注的快樂，不容易消失，而且與日俱增。

　　高度專注會讓時間感改變，有時候會廢寢忘食；如孔子說的「不知老之將至」就是進入活在當下。

　　讓過去的一切，成為過去；執著於過去，往往會後悔或自責；那是一種錯覺。

　　讓未來留給未來；執著於未來，會有焦慮與恐懼；

那是一種幻覺。

　　活在當下、珍惜當下的一切，當下這片刻，是您最年輕的片刻，才是生命存在的「實相」。

　　在當下片刻裡自在、自足，活出快樂的自己，便是活出人生的意義。

4-6 進入心流的第 5 步：讓執著放下（打破執著）

不執著就是心理學上所說的放下（Let Go），但是人們往往覺得很難做到。我個人探討其原因，乃因為欠缺培養上一課所說的：當下的力量。

不執著就是放下身外之物；由生命觀點來看，健康快樂才是身內之物；我們每天的工作，基本上也是為了健康快樂而努力；但是我們容易忽略根本之道，認為身外之物較為重要；最後才發現，並沒有帶來真正的健康快樂。

當感覺被身外之物卡住，卡住的感覺會形成壓抑與負擔。想要打破這種卡住的框框，需要相當的力量，這說明了大部分的人，覺得生活不容易的原因。

我個人多年的研究，發現要打破這種框框，唯有「當下的力量」才有辦法；光靠意志力是沒有效果的。

一方面透過有氧運動（尤其律動），打破硬梆梆的身體；一方面放鬆專注，培養可以投入的嗜好（尤其自己的工作），進入高度專注的「活在當下」。

這也說明了早日培養專注興趣的重要性；同時保持基本的有氧律動，成為流動的身體與頭腦（心智）。

4-7 進入心流的第 6 步：悠然自在的進入心流

活在當下、打破執著，也就是成就「不役於物」，沒有憂慮與恐懼。有些人表示這境界太難了，確實要改變是需要學習，日積月累，必有成就。

孔子說「人無遠慮，必有近憂」，仔細觀察，遠慮與近憂，都不是自己可以管控的。保持關心的態度，讓它們順水流動，不讓憂慮傷害自己。

萬物靜觀皆自得；活在當下，珍惜當下眼前的一切，善待周圍事物，不傷害、不干擾、不抱怨、不責備。讓一切自然流動，不役於物，隨遇而安。

孔子到 70 歲時，隨心所欲而不逾矩；乃因為自己放下執著、不役於物；又學不倦，廢寢忘食，不知老之將至。這就是心流狀態。

進入心流狀態，每個片刻都是喜悅，超越生死的煩憂。因為本身已經活出生命的意義，沒有生死的恐懼，達成心經所謂的度一切苦厄。

4-8 進入心流的第 7 步：投入學習型團體維持心流

　　活在當下，進入心流。心流是快樂的顛峰表現（Peak Performance），也是人生最重要的功課。體驗心流的人，如果希望維持其心流的喜悅，需要有願意學習與體驗心流的同好，相聚在一起互動，利用共振的力量，才能持續發揮。

　　律動是體驗心流的好方法。唱歌跳舞的快樂感受，需要一群人的互動。古人說：自歌自舞自開懷；其實效果很有限。自己一個人唱歌跳舞，欠缺共振，缺少快樂因子催產素，必然淪為後繼無力。

　　孟子說：獨樂樂不如眾樂樂；人類是群居的動物。彼得聖吉（Peter Senge）認為：學習型團體（組織）是目前世界所需要的，透過共同學習、啟發心智、自我超越，能夠讓世界變得更好。學習型團體是健康快樂的根

本；不流於迷信、獨斷、偏見或一言堂。

　　陳慕純醫師所主持的「榮星花園律動」是優秀的學習型團體，所有成員都受到尊重，不受任何干擾。自在學習律動歌舞，體驗心流。讓成員繼續努力，活出人生的意義。

4-9 心流圖

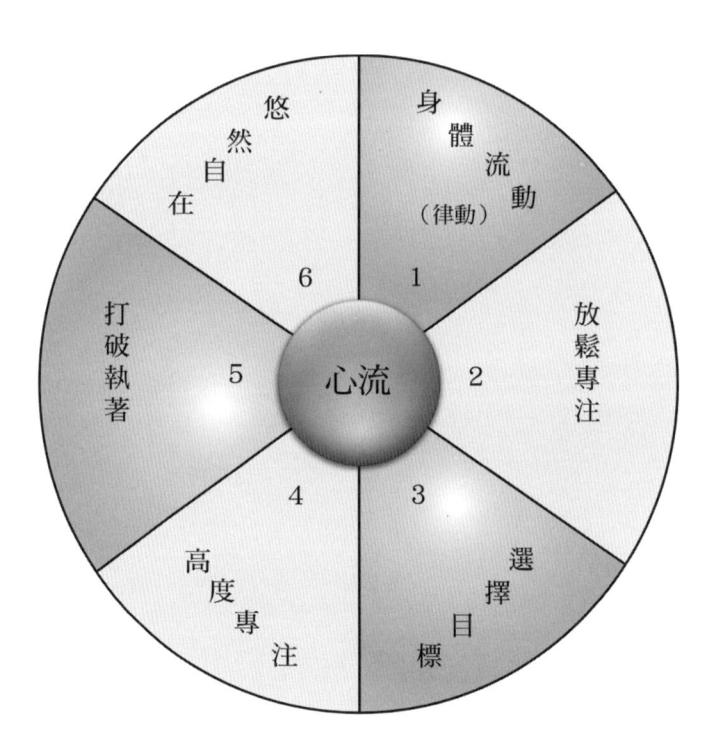

身體流動（律動） 1
放鬆專注 2
選擇目標 3
高度專注 4
打破執著 5
悠然自在 6

心流

第 5 章

恐懼根源

貪欲、瞋恚、憍慢、癡、疑、見、欲世間；
此七使，使眾生永處黑暗，纏結其身，流轉世間，
無有休息，亦不能知生死根源。

——《增一阿含經》

5-1 三界──地獄界、餓鬼界、畜生界

十法界中最痛苦的是三界──地獄界、餓鬼界與畜生界。

地獄是指眾生受到自己所造惡業的業力驅使，而趨入的地下牢獄。地獄道為三惡道之一，可以說是六道輪迴中最為苦迫的世界。

會投生於地獄界的眾生，大多是造下了極重的罪業所致，像極重的殺生、偷盜、邪淫、妄語等罪業；而罪業的輕重，除了心念之外，所傷害的對象、影響的範圍，也都是因素之一。

餓鬼界，一般人所說的鬼，大多是此道眾生。傳說鬼界由人間第一個死亡的人「閻魔」所統領，稱為「閻

魔王」。人間第一個人是開啟劫初幽冥之路的閻魔王。因此閻魔王界就成為鬼類的主要住所。

會投生於鬼界的人，大部分是生前多行慳貪、嫉妒者。

畜生道，指有畜生業因者死後所趨之處，畜生是因為愚癡而受此果報，它們修持昇華的機會很少。這是個弱肉強食、互相吞食的世界，不斷地輪迴受報。

什麼樣的眾生會往生畜生道呢？身、口、意，行惡業，由貪、嗔、癡三煩惱生起各種惡業，毀罵眾生、惱害眾生、佈施不淨物、行於邪淫，是投生畜生道之因。

畜生道的世界，可以說是相互吞食的世界，此界的眾生，當受繫縛殺害、驅馳鞭打、互相吞食、心恆不安等種種苦惱，不得自在。

佛法認為所生起的任何一個心念（認知），無不屬於十法界之某一界，茲列表如下：

	十法界	心念
六凡法界	地獄界	殺生等瞋恚心
	餓鬼界	貪欲心
	畜生界	愚癡心
	阿修羅界	比他人優越的我慢念
	人界	人倫道德心
	天界	禪定相應
四聖法界	聲聞界	苦集滅道的四聖諦相應
	緣覺界	十二因緣相應
	菩薩界	佛淨國土、成就眾生的願行相應
	佛界	真如法界相應

5-2 最嚴重的世紀

20 世紀簡直就是戰爭與殺戮的世紀（小崎哲哉）

日俄戰爭（1905）
墨西哥革命
第一次世界大戰（1914—1918）
俄羅斯內戰
俄羅斯──波蘭戰爭
摩洛哥──裡夫戰爭
中國內戰
查科戰爭
阿比西尼亞（舊衣索匹亞）戰爭
西班牙內戰
第二次世界大戰

中東戰爭
中南半島戰爭
韓戰
法國──阿爾及利亞戰爭
蘇丹內戰
越戰
比夫拉內戰
安哥拉內戰
莫三鼻克內戰
兩伊戰爭
阿富汗紛爭
波斯灣戰爭
索馬利亞內戰
波士尼亞戰爭

戰爭造成無數的死傷和難民，土地、房屋和文化的記憶遭到破壞，只留下飢餓、貧困及憎恨。新生的憎惡很容易導致新的戰爭。

20 世紀是人類史上最可怕的世紀（Isaiah Berlin）

表面上，20 世紀是最了不起的世紀，科技發達突飛猛進。

太空科技！

遺傳工程！

核能發電！

電子資訊！

奈米科技！

生產自動化！

大量生產，大量消費，經濟起飛！

但是，20 世紀卻是問題最多、最嚴重的世紀，已將人類的生存逼進存亡邊緣。

現代人的工作時間比以前更長，精神上的壓力比以前更大，獲得食糧的方便性比以前更差，殺傷的武器比以前更精密與恐怖，生態環境比以前更惡劣，人際關係比以前更冷淡與生疏，資源與能源的日益匱乏，已使人類的經濟體系大受威脅，生存的安定感與日遞減。

5-3 掠奪者永不滿足

追逐欲望，永不滿足，但是某些人不斷地以掠奪的方式，希望能滿足其欲望，在捕獲其獵物瞬間，或許有滿足感（其實是興奮感），但很快就消失；由於滿足感無法獲得，遂更不擇手段地一再加強其掠奪手段。

美國臨床心理學家 Martha Stout 認為這些人具有反社會（Sociopath）人格，其特徵如下：

1、視外在人或物皆為獵物，任其占有及利用。
2、心靈空虛，喜歡追逐刺激及冒險，不惜一切傷害對方。
3、喜歡競爭，擴充地盤，行徑野蠻，人際關係只有輸贏。
4、崇尚權勢及利益，投機取向。

5、以權勢、威脅利誘操縱他人，以武力、恐懼威嚇他人，無罪惡感，無法愛人，無憐憫之心。
6、恭維上級，擅長拍馬屁，迎上欺下，心態卑鄙，無羞恥之心，只重視自己的面子（尊嚴）。
7、得逞時，會嘲笑被傷害的對象，輕視弱勢的人們。
8、眼神強烈，不懂愛或感激，易怒，易衝動，具攻擊性。
9、長相跟一般人一樣。

　　Martha Stout 認為這些人沒有良心，其不講良心的行徑使他累積獨大的權勢或天文數字般的財富。Stout 發現舉世聞名的人絕大多數都是欠缺良心的人，他們也正把人類社會逼入危險的境地。一個沒有良心的領袖，能夠讓整個族群的良心繼續沉睡，讓災難變得更加不可收拾，他傾向製造對立與紛爭，甚至發動戰爭。

　　當這些欠缺良心的人遭遇挫折，其惡劣行為被識破時，會假裝無辜、假裝可憐，希望爭取同情，等對方鬆懈或寬恕時，再度進行其傷害行為。充分展現其投機取向。

這些欠缺良心的人,在現今社會之所以能夠出人頭地,跟現代文化有關。Stout 認為北美文化以個人主義為核心價值,很容易孕育出反社會人格,因此美國反社會人格者的盛行率節節上升,於 1991 年起 15 年內,美國年輕人中反社會人格盛行率增加將近一倍。

5-4 恐懼症（Phobia）

　　三惡道——地獄界、餓鬼界、畜生界，會帶來焦慮與不安。對於某些事物或情境，會產生持續的害怕與恐懼，當懼怕現象持續發作六個月以上，稱為恐懼症。患者將竭盡全力避免懼怕情境發生；而患者的避免行為，往往大於實際懼怕情境的可能性。對於懼怕情境的過分誇張，會讓患者感受強烈的負面壓力。

　　恐懼症的病徵，明顯的身體症狀，包括：

◎流汗
◎顫抖
◎忽冷忽熱
◎心跳加速
◎呼吸困難

◎手腳麻痺或無知覺
◎作悶作嘔或胃部不適
◎頭昏眼花或昏倒

心理症狀包括：
◎思維不清晰，感覺不真實，抽離或虛幻
◎窒息感（並非不能呼吸或呼吸困難，而是感到好像窒息一般）
◎害怕將會死去
◎害怕失去控制
◎失去理智

　　當我們感到恐懼，大腦是怎麼運作的呢？想像一下，你正在森林裡沿著一條彎曲的小路走著，突然前方出現一條彎彎的東西。這時，大腦會在短短幾分之一秒內快速反應：光線從那東西反射進入眼睛，傳到負責視覺的後腦（枕葉皮質），轉換成「我們看到什麼」的影像。這個影像會被送往兩個地方──一個是海馬迴，它會判斷「這東西是危險還是沒事？」；另一個是前額葉皮質，它會進一步做比較慢、但比較深入的分析。

持續的威脅影響，會讓杏仁核產生恐懼的負面情緒，這時需要由前額葉提供適當的分析與自我控制的力量。

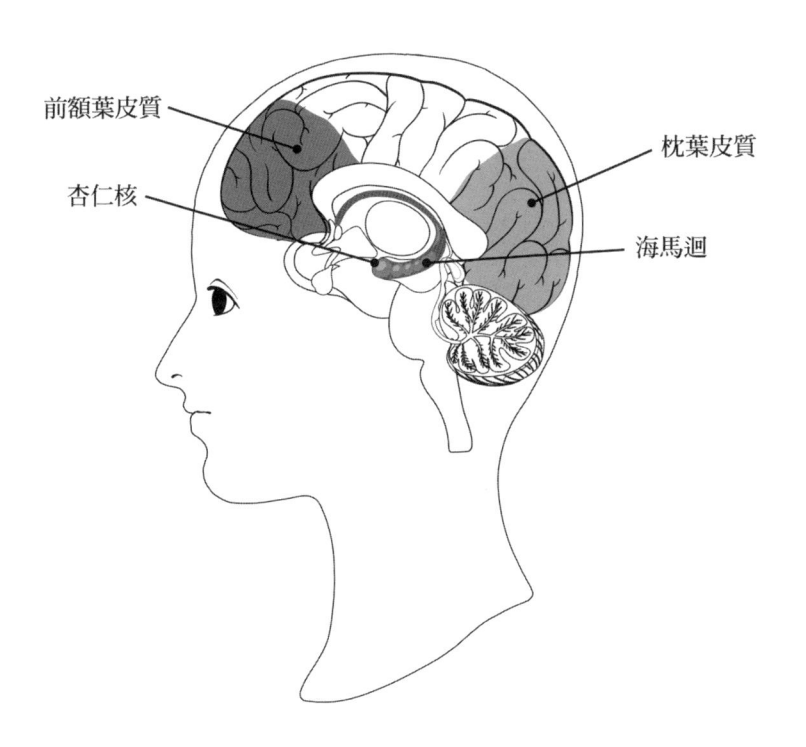

前額葉皮質
杏仁核
枕葉皮質
海馬迴

當前額葉功能較差時，杏仁核的恐懼症狀，會持續強化。

恐懼症的治療，包括：

1、藥物治療：由專家醫師提供適當藥物。
2、認知行為治療：透過「系統減敏法」有系統的讓患者直接或間接接觸恐懼物，進行系統性的「反應刺激」以及鬆弛練習，來達到控制恐懼的效果。
3、森田療法：森田療法治療恐懼症具有良好的效果。其主張：不問症狀，不問過去，要求患者行動轉變性格，照健康人那樣行動，遵循現實原則，不去追究過去的生活經歷，而是引導患者把注意力放在當前。對一切情緒思維等症狀順其自然，徹底接受不拮抗不交互。這樣恐懼性情緒不用我們主觀壓抑就會大大緩解。

森田療法類似我們前面提過的心流體驗，不設定過去，不設定未來，專注於當下（活在當下）。心流等同於正念，都能夠強化前額葉的功能。

第 6 章

頭腦與熵

善男子、善女人,發阿耨多羅三藐三菩提心,
應云何住?云何降伏其心?
——《金剛經:善現啓請分第二》

6-1 無上菩提心

「發阿耨多羅三藐三菩提心」的「阿耨多羅」是無上的意思;「三藐」是正等,「三菩提」是正覺;無上正等正覺即是成佛之心,也就是發起無上菩提心。

發起無上菩提心,就是發願救度無量無盡的眾生,有無量無盡的眾生,就有無量無盡的煩惱。「應云何住?云何降伏其心?」一位發菩提心的人,應如何安住他的心(頭腦)?如何來降伏他的心(頭腦)?

我們可以由熵法則,瞭解頭腦的運作。

【熵(Entropy)法則】

能量以兩種狀態存在──「可利用能」(Available Energy)或稱「自由能」(Free Energy)以及「不可利

用能」或稱「束縛能」（Bound Energy）。前者人類可以操縱利用，而後者卻難利用。

　　煤炭中的化學能是自由能，因可將它變成熱能，或者再轉化為機械工作。然而海水中大量的熱能卻屬於束縛能。煤炭燃燒後，其「自由能」被消耗成熱能，變成煙及灰的形式，人類無法再利用，也就是變成「束縛能」。

　　自然界這種單向「自由能」變成「束縛能」；也就是由「秩序」（Order）變成「混亂」（Disorder）或「消散」（Dissipation）等無可回復的現象，也就是自然界日益趨向混亂，即為熱力學的第二定律：自然界熵總和不斷增加。（熵增原理）

　　「熵」（Entropy）是「不可利用能」以及「秩序及混亂」兩大現象的衡量準則。這兩大現象可由「質──能」（Matter-Energy）關係來瞭解。「能」之所以可被利用，是因為「質」的秩序；「能」之所以不能被利用，是因為「質」已變得混亂消散或無秩序了。

狀態（A）：秩序
　　　　　熵低

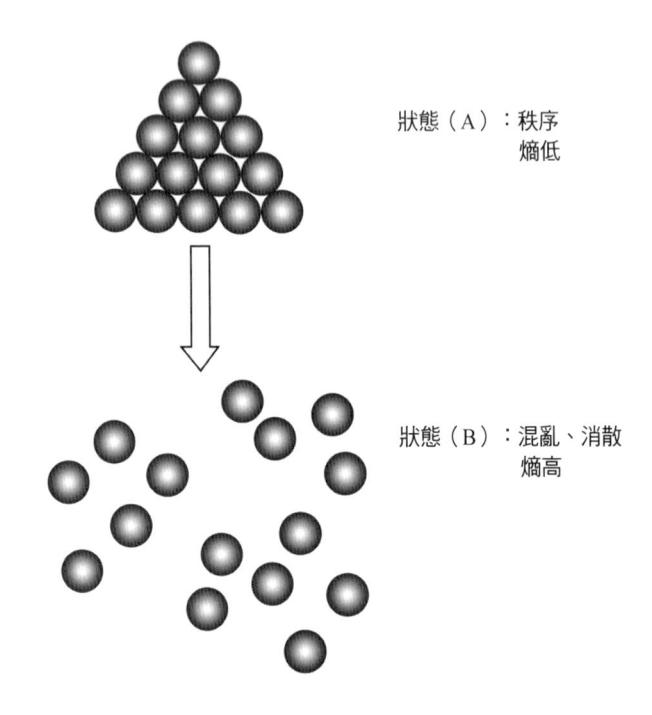

狀態（B）：混亂、消散
　　　　　熵高

　　宇宙也是處於一個熵增的過程。物理界的解釋是，因為這個世界的初始條件是熵極小的大爆炸前的那個點，而這決定了這個世界從今往後要經歷一段非常長的熵增過程。（Roger Penrose）

　　地球上的生物是一個開放系統，通過從環境攝取低熵物質（有序高分子）向環境釋放高熵物質（無序小分

子）來維持自身處於低熵有序狀態。而地球整體的負熵流來自於植物吸收太陽的光流（負熵流）產生低熵物質。

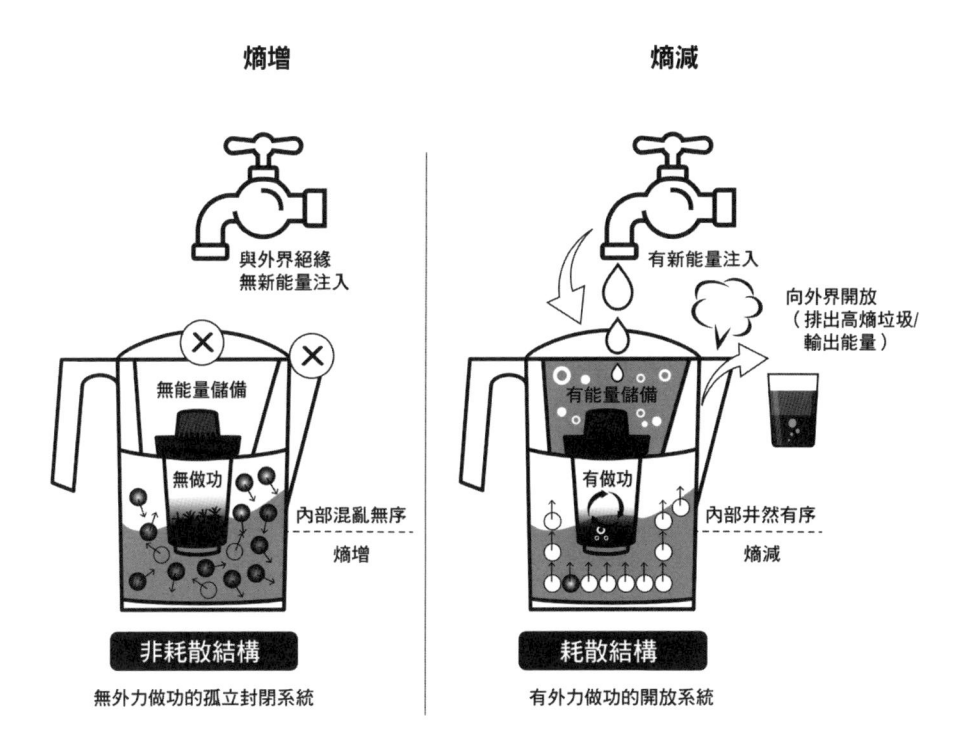

熵增

與外界絕緣
無新能量注入

無能量儲備

無做功

內部混亂無序
熵增

非耗散結構
無外力做功的孤立封閉系統

熵減

有新能量注入

向外界開放
（排出高熵垃圾/
輸出能量）

有能量儲備

有做功

內部井然有序
熵減

耗散結構
有外力做功的開放系統

6-2 熵與頭腦（心智）

　　頭腦（心智）的過程，也是熵增定律的過程，為了要進行熵減，以減少熵增帶來的混亂與壓力，頭腦需要不斷向外吸收負熵信息，也就是正面學習，增進頭腦的適應能力，包括學習力、認知力、判斷力、創意力等。

　　當頭腦學習能力退化或是不再學習時，有如成為封閉系統，熵值會不斷增加，成為混亂與內耗的狀態；最後導致心智功能退化與失智。

　　頭腦保持警覺（Awareness）的狀態，對周遭的環境不斷探索，這是生存的基本條件。發現問題與面對問題，從而解決問題，就是心智的重要功能。不會發現問題，或是充耳不聞，不敢面對，會使心智功能退化。

主動學習（自主學習）是啟發心智的關鍵；被動學習，如填鴨式學習、強制性學習，對於心智的啟發沒多少幫助，勉強灌輸知識而不會思考判斷，會使心智混亂與僵化。

開放心智，不斷學習，一方面使頭腦靈活，一方面情緒也會快樂；尤其學習使能力不斷成長，創意力增加；樂趣與創意的正面循環，會產生所謂的心流（Flow），這是保護頭腦最佳的方法。

「活到老，學到老」，這是人生必要的功課。佛法強調學習正念（心流）與禪定波羅蜜，也是降低頭腦熵值，保護頭腦的好方法。

低熵值腦	高熵值腦
開放心智 自主學習（主動學習） 增加學習力	封閉心智 不再學習 學習力退化
心流喜悅 熱情投入 安定和諧	內耗躁動 疏離壓抑 混亂（狂熱）對立

低熵值腦	高熵值腦
適應力高 面對問題 解決問題	適應力差 逃避問題 情況惡化
認知力、瞭解力高 溝通力佳 判斷力佳	認知力、瞭解力低 溝通力差 判斷力差

第 7 章

欲望調控

諸有眾生，興欲愛想，便生愛欲，
長夜習之，無有厭足。
—— **《增一阿含經》**

勿輕自所得，勿羨他所得，比丘羨他得，不入三昧地。
—— **南傳《法句經》**

7-1 感官的快感（Pleasure）

感官快感的存在，乃為了生命的延續，孔子說：食色性也，一語道破食慾與性慾乃人類，甚至包括其他動物的基本需要與衝動。大自然賦予感官的刺激，藉以獲得快感的報償，其設計的主旨很明顯在於延續生命。如果沒有快感的報酬，世上簡直沒有一種動物能不斷繁衍、生存下去。

當餓了有東西吃，渴了有飲料喝，都能讓人享受飽足之快感。在這個飽食的年代，人類將基本的飲食活動，發展成為精緻的美食主義，精緻的烹飪也進而全球化。

人類從舊石器時代開始出現烹調食物的習性，當時僅限於烤肉。到了約一萬年前新石器時代，又有熟煮與研磨食物的烹飪方法，於是有了粥、餅乾和蛋糕。約三千年前鐵器時代，古埃及人就有 30 多種不同的麵包

和蛋糕,而且食用10多種不同的種植蔬菜。

釀酒的歷史也相當久遠,最早的紀錄出現在西元前六千年的中東地區。西元前三千年到四千年間,中東的蘇美人就懂得享受19種不同的啤酒。烈酒到一千年前才逐漸發展成熟,而多半是修道者釀製,藉此紓解單身生活的煩悶。到了西元13世紀,乾杯已造成「嚴重的社會問題」。

性愛乃為了延續生命,但是由於人類追求性愛的慾望,如同追逐美食的慾望,使得原本很單純的事被琢磨成各種精巧、講究、持久的情慾模式。

幾百年來,古今中外不斷有指導性愛技巧的手冊出版。3世紀時,印度就出版一本《愛經》(*Kama Sutra*),當代世界也有性學大師金賽博士(Dr. Kinsey)提出的研究報告,以及 Alex Comfort 的《性愛之愉悅》(*The Joy of Sex*),各時代還有數不清的色情小說、色情雜誌,當官方企圖壓制色情資訊的流通時,結果反而加速其流通。

其他的感官之樂還包括各種形式的沐浴、芳香精油、按摩,以及精緻、優雅的休閒設施。古希臘時代,疲憊不堪的旅人常會被招待洗個愉快的熱水澡,有婢女

用芳香精油擦拭他的身體。古羅馬則有公共澡堂，著名的土耳其浴流傳至今。

快感的神經基礎

人會感覺快樂是因為腦中的快感中樞分泌快樂荷爾蒙多巴胺（Dopamine）。快感中樞的 A10 神經是分泌多巴胺神經系統當中最大的一支。A10 神經開端於腦幹上方的中腦（黑質），沿著中腦往上延伸，到了前額的位置，另外還有一邊朝向前方與額聯合區相連。所有動物當中只有人有 A10 神經。

快樂神經系的 A10 神經，涵蓋了食慾中樞與性慾中樞所在位置的下視丘，以及使人展現旺盛活動的額葉，也包含所有會感覺到快感的部分。例如，人類性行為時感覺到快感，乃因為 A10 神經朝向下視丘的性慾中樞分泌多巴胺的緣故。飲食時的快感，乃因為 A10 神經朝向下視丘的攝食中樞分泌多巴胺的緣故。

食慾得到滿足後，會進一步要求性慾得到滿足，性慾得到滿足後，接著就會使用額葉進行創造活動，滿足其他的欲望。

〔A10 神經 - 側面圖〕

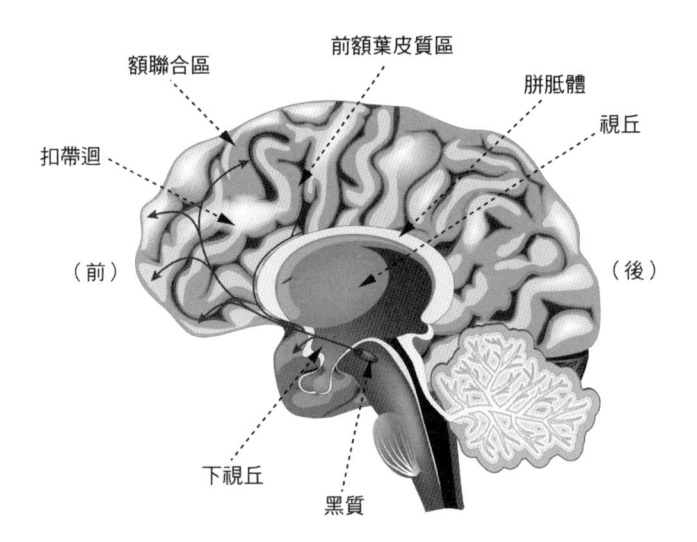

- 額聯合區
- 前額葉皮質區
- 胼胝體
- 視丘
- 扣帶迴
- （前）
- （後）
- 下視丘
- 黑質

A10 神經，由中腦（黑質）往上延伸到前額葉皮質的位置，另外一邊朝向額聯合區。

7-2 追逐快感,適得其反

感官經過刺激後產生快感,最好的態度是適可而止。然而人類的頭腦喜歡新奇與挑戰,喜歡追逐更進一步、更強烈的快感,因此尋求更強烈的刺激。但是由於效用遞減的現象,同樣的刺激,達不到上次的快感,反而需要更大的刺激。而且當刺激消失後,快感不但消失,還產生無聊、煩悶的現象。當無聊、煩悶產生時,就會尋求更大的刺激,藉以獲得快感。於是陷入了刺激與無聊的惡性循環。

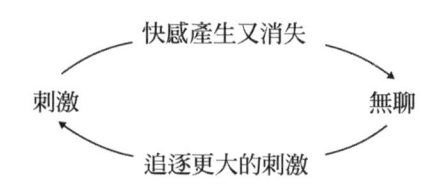

```
         快感產生又消失
    刺激 ─────────→ 無聊
         ←─────────
          追逐更大的刺激
```

舉凡飲食、性愛、芳香、按摩、酒精、毒品各種感官的刺激皆有此現象,甚至賭博、瞎拼(Shopping)亦有此現象。賭徒之所以沉溺賭博,有時不是因為貪婪,而是因為陷入此等惡性循環,有如上癮的狀態。

　　渴求快樂的現代人,希望藉助現代的文明科技,對所求感官作最強烈的刺激,希望能達到最高(High)的快樂。於是,發明了瑞舞(Rave)。

　　利用多種方向轉來轉去的魔鬼燈,不斷閃爍的多種彩色燈光,對視覺作最強烈的刺激;高科技的音響組合,快速的電子音樂,對聽覺作最強烈的刺激;瘋狂的舞蹈,身體的搖晃,使身體作最快速的律動;各種芬芳精油,對鼻子(嗅覺)作最強烈的刺激;提神的咖啡因飲料,加上強力的搖頭丸,讓頭腦達到最興奮的狀態。

　　人們在瑞舞中迷失了,刺激過後,快感很快就消失,而且留下許多的後遺症:

(1) **效用遞減**:會渴望更大的刺激來達到上次的快感,但已愈不可能。因此快感日益減少。
(2) **成癮**:搖頭丸等毒品藥性過後,使用者身體會有成癮的現象,會渴求更高量的毒品。

（3）**沒有滿足感**：藉由刺激的快感,當刺激消失後,快感隨之消失,留下空洞與疑惑。沒有滿足感的快樂,是膚淺甚至容易使人為了追逐快感而扭曲行為。
（4）**沒有喜悅感**：缺乏滿足感的快感,不可能有喜悅的感覺。

7-3 禁欲者，愈禁愈欲

欲望是生命的驅動力，有生命就有欲望，有欲望才有生命。人類歷史上所有禁欲的努力皆失敗，不但反生命，而且也造成悲劇。Michael Mary 說，神職的訓誡是忠貞、安貧與禁欲，但是中世紀的主教卻過著靡爛的生活，不少的嬰兒屍體被埋在修道院墓園中。12世紀時，許多主教，甚至教皇也包養情婦，並且生了很多私生子。

原始社會的基本欲望是飲食與性，人們必然追求多樣的食物種類；因為沒有婚姻制度，當時的性沒有文明社會諸多的禁忌，就算有了伴侶關係，依然存在著沒有性的伴侶關係及非伴侶的性關係。甚至巴比倫文明時代，當時的妓院是歸神廟管轄的公共設施，無論男人女人都可在此尋歡作樂。

羅馬人認為性慾是人的天性，根本無需壓抑，他們並不在乎另一半尋花問柳。羅馬人崇尚戀愛的自由與求愛的藝術，他們堅信，真愛並不是建立在利益的基礎上，而是在魚水之歡。西元64年羅馬焚城後，為了捍衛性自由，他們以「仇視人類的性行為」為罪名，迫害和謀殺基督徒。

　　現代文明社會對於欲望，尤其性的規範與種種禁忌，導致不少的心理疾病（情緒障礙）。佛洛依德（Freud）感慨為何文明社會的人，那麼多心理問題，各階級的人，充滿著焦慮、壓抑與憂鬱。他認為主要還是來自於性壓抑。到了20世紀60年代，當時物質生產豐盛，又加上避孕藥及其他避孕措施的完備，西方社會遂有了「性解放」的運動，但是各式各樣的心理疾病仍舊比比皆是。

　　縱欲得不到滿足感，禁欲也得不到滿足感，但欲望卻一直在人類的腦中，驅動著人類，欲望有如野馬，如何駕馭欲望呢？以後我們將會深入探討。

7-4 成癮是什麼？

依據美國心理學會（APA）對於成癮的定義，成癮可以視為一種需要被治療的疾病，指一個人因為對於酒精或是毒品擁有過度的生理與心理依賴。除此之外也有行為上面的成癮，像是性成癮、網路成癮、賭博成癮等等。

（A）成癮的症狀包括：

◎無法停止使用酒精／毒品或是無法停止成癮行為，甚至冒很大的險去得到酒精／毒品。
◎對於自己的癮有擺脫不了的思想，可能一直想怎麼樣可以得到酒精／毒品等等。
◎放棄生活中的活動，像是拒絕跟朋友出去或是放

棄原本給自己帶來快樂的興趣。
◎很多時候可能會自己一個人使用酒精／一毒品或是不讓人知道。
◎一個成癮的人可能會否認自己的癮是個問題,覺得自己隨時都可以停下來,不需要幫忙。
◎沒有使用時經歷戒斷症狀,像是發抖、冒汗、便祕、拉肚子、失眠、癲癇發作、異常行為等等。
◎腦部會因為成癮而受到改變。這些改變會使一個人大幅地想要持續使用酒精／毒品或是做成癮行為,即使有嚴重負面後果也沒有辦法控制自己停下來。
◎能不能夠停止已經不是一個人的意志力或是道德的問題,而是一個人的腦部已經受到改變,需要專業醫療協助才可以有效解決。

(B) 成癮和喜歡不同

若要解釋形成**成癮行為**的條件,就必須要說到「想要」與「喜歡」,然而研究指出,在特定情況下這兩個要件是可以被分開的。心理上有一項機制稱為「**獎賞系**

統」（Reward System），其中「想要」所指的是，受特定事物的吸引，期待、渴望或追求獲取相關獎勵，可能和大腦分泌的多巴胺有關，可能是有意識地被吸引，也可能是下意識的渴望。

「喜歡」則是主觀喜愛某些事物帶來的獎勵，進而影響心情上的愉悅感。在成癮心理學上，**促發成癮行為的是我們對於某些事物的「想要」。**

多巴胺為一種神經傳導物質，它的分泌會影響生物學習獎賞機制。容易引起不斷對成癮事物「想要」的條件，導致成癮行為發生。

腦科學解釋，成癮的狀況讓我們無法自控地「想要」特定物質，不是因為「喜歡」，而是當我們戒斷這些物質時，受傷的大腦會讓我們產生無法感到愉悅的焦慮感，進而促使我們不間斷的攝取成癮物。

7-5 律動——調控欲望的好方法

強烈的韻律活動會引起相當的快感。我們可以從音樂、舞蹈、歌唱、有氧運動、體操等，看出人類擁有這種特別的快感。宗教慶典活動、部隊行軍及各種慶典儀式，皆有韻律活動的內容。

任何有節拍的活動，都會讓人產生奇妙、天旋地轉的快感。這時，人會拋棄一切理智的控制力，任憑這些節拍操縱。當韻律響起時，人會突然湧出一陣喜樂，暫時忘記其餘一切，挪除平常憂心掛慮之事，讓全身肌肉可以享受一連串反覆的運動，也能促進血液循環及心肺功能。

律動可以刺激快感神經網絡，活化多巴胺迴路，產生正面情緒。在現代文明充滿壓力的世界裡，大概只能在喜歡律動（舞蹈）的人身上看到笑容。

律動亦可使腦內啡（Endorphins）釋放，它是人體天然的止痛劑，當身體沉浸在強烈的律動中時，腦內啡就會被激化到最高點，使身體產生極度亢奮的情緒。目前亦發現律動會使「內源性大麻酯」（Anandamide）釋放，其作用類似大麻的一種活躍成分。因此，運動迷健身之後產生快樂，類似於吸食大麻之後的快感。

　　但律動會成癮嗎？吸毒是用不自然、不健康的方法虐待身體系統；而運動是自然、健康的方法。

　　舞蹈除了可以增進個人的快感外，團體舞蹈可增加歸屬感。原始的社會裡，人們利用舞蹈，同步的動作與歌唱，增進團結合作的氣氛。在這個充滿疏離感的現代社會，不妨考慮提倡團體舞蹈。舞蹈又可帶來人們對和平的渴望，熱愛舞蹈的人，不會熱中戰爭。每當戰爭發生時，政府最先的政令就是禁止跳舞。

　　舞蹈能結合詩歌文學、音樂、戲劇等，使舞蹈更有內容，各種美妙的肢體動作技巧，也是一種挑戰，精湛的舞技亦可讓人進入心流（Flow）的狀態，獲得充實的滿足感。

第 8 章

提升意識

我生已安，不慍於怨，眾人有怨，我行無怨；
我生已安，不病於病，眾人有病，我行無病；
我生已安，不慼於憂，眾人有憂，我行無憂；
我生已安，清淨無為，以樂為食，如光音天；
我生已安，澹泊無事，彌薪國火，安能燒我？

——《法句經》

8-1 十法界與意識等級

一切宇宙中的存有稱為「法界」。佛法將這個世界的生命，區分為十種型態，稱為「十法界」。其中有四類是聖者之流，六類為輪迴的凡夫，亦即所謂的「四聖六凡」。四聖中有：佛法界、菩薩法界、緣覺法界、聲聞法界；六凡是天法界、人法界、阿修羅法界、餓鬼法界、畜生法界、地獄法界。

（I）欲界：色欲、貪欲、財欲等欲望驅動的世界。

1、地獄
2、餓鬼
3、畜生
4、阿修羅

5、人

6、天

(Ⅱ) 色界：遠離欲界的污染，一切物質皆為清靜。但仍然執著於清靜微細的形式。

7、聲聞

8、緣覺

(Ⅲ) 無色界：無有形體，單純心意識的存在。

9、菩薩

10、佛

　　David Hawkins 將意識分為 3 個等級（Levels），雖然人類意識的能量十分精微，還是可以測量。Hawkins 將此意識能量等級，測量值用對數表示由 0 到 1,000。目前全球人口只有 15% 的人，意識達到臨界等級 200 以上。

（I）意識等級：自我（Ego）

1、羞恥、絕望

2、內疚

3、冷漠

4、悲傷

5、恐懼

6、欲望

7、憤怒

8、驕傲

（II）意識等級：線性心智（Linear Mind）

9、勇氣

10、中立（自在）

11、意願

12、接納

13、理智（智慧）

（III）意識等級：靈性（Spiritual Reality）

14、愛
15、喜悅
16、安詳
17、開悟

意識等級	等級對數	十法界	三界
羞恥	20	地獄	欲界
內疚	30		
冷漠	50	餓鬼	
悲傷	75		
恐懼	100	畜生	
欲望	125		
憤怒	150	阿修羅	
驕傲	175		
勇氣	200	人	
中立	250	天	
意願	310		

意識等級	等級對數	十法界	三界
接納	350	聲聞	色界
理性	400	緣覺	
愛	500		
喜悅	540	菩薩	無色界
安詳	600		
開悟	1000	佛	

8-2　意識結構

意識中心	模式	指數	情緒	理智	行為
破壞	暴躁感	0~50	憤怒 仇視 躁動 狂熱	邪惡 絕望 瘋狂	暴力 悲劇 殺戮
對立	疏離感	50~100	排斥 厭惡 忌妒 自卑 憂鬱	失望 歧見 偏見 意識型態 自大 自卑 自責 妄想	自閉 麻醉 怠惰 無趣

意識中心	模式	指數	情緒	理智	行為
執著	恐懼感	100~200	恐懼 惡夢 心胸狹窄 面子 嚴肅 偏好 焦慮	苛求 迷信 吹毛求疵 欲求 瑣碎 強迫 框住	批評抱怨 支配懲罰 奢華形式 諂媚禮儀 依賴上癮
平等	滿足感	200~300	肯定 意願 熱情 感恩 滿足	尊重 自信 信任	勇氣 學習 能力 友善 分享 關照
自在	安全感	300~500	禪（專注） 歡樂 寧靜 幽默 安全 隨遇而安	覺知 包容 啟發 瞭解 謙虛	挑戰探索 輕盈 寬恕 仁慈

意識中心	模式	指數	情緒	理智	行為
喜悅	歸屬感	500~1000	見性(開悟) 活潑 感動 歸屬 心流融入 慈悲為懷 歡慶 和諧	願景希望 開放意象 意義 領悟 智慧 洞見 超越 創造	特立獨行 奉獻投入 平易近人 自歌自舞 自開懷

8-3 哈哈大笑好修行

人類會因為快樂而笑，相對地，藉由笑可以使人產生快樂的感覺。當內心產生不悅、憂鬱的負面情緒時，只要能夠運用意志力表現出快樂的樣子，那麼，負面情緒便會隨之消失。

相對地，快樂時發出笑聲，會變得更快樂，因為對方能體會、分享你的快樂，歡樂因此變得更多。快樂與歡笑是會傳染的，你快樂，別人也會感受到，心情也會覺得愉快；相反地，如果看到一張生氣的臉，多少會受負面影響，心裡也會感到不痛快。

為什麼做出笑臉同時，心情會隨之快樂起來呢？乃因為臉部回饋效果。臉部的肌肉，因為腦部下指令，而有所動作；相反地，該動作又被傳回腦部，此現象稱為回饋效果。藉著臉部肌肉的配合、收縮，而產生臉部的

表情；我們也能利用臉部的表情，來左右我們的情緒。學習笑，可以製造快樂的情緒！

人類需要笑來進行每日的活動。若是不笑的話，會產生負面情緒，降低活動的意願，工作效率必然大受影響。

笑有很多種，社交上的笑是屬於意志的笑，這種場合，外來的刺激首先進入大腦新皮質，然後由大腦新皮質支配的意志，命令臉部的表情肌開始活動，這時便出現適度的笑聲。緩和緊張的笑是屬於機械性的笑，與意志中樞和腦幹的緊張中樞有關。

全然快樂的笑，則透過情緒中樞（邊緣系統）及自律神經中樞（下視丘），除了臉部表情肌的活動與笑聲以外，還有臉色的變化、身體的顫動、眼睛發亮、流眼淚等情況。

學習全然地笑，有具體的生理功效：

1、獲得堅韌的精神力量
2、抑制壓力激素釋出
3、提高免疫系統功能
4、緩和肌肉緊張

5、抑制疼痛

6、保護心臟

7、減少恐慌症

8、改善憂鬱症

9、調整自律神經

每日生活中,能毫無理由地哈哈大笑,相信會使自己隨時保持正面的情緒,工作效率更佳,身體也較健康。

彌勒佛:大肚能容,了卻人間多少事;滿腹歡喜,笑開天下古今愁。

笑的神經基礎

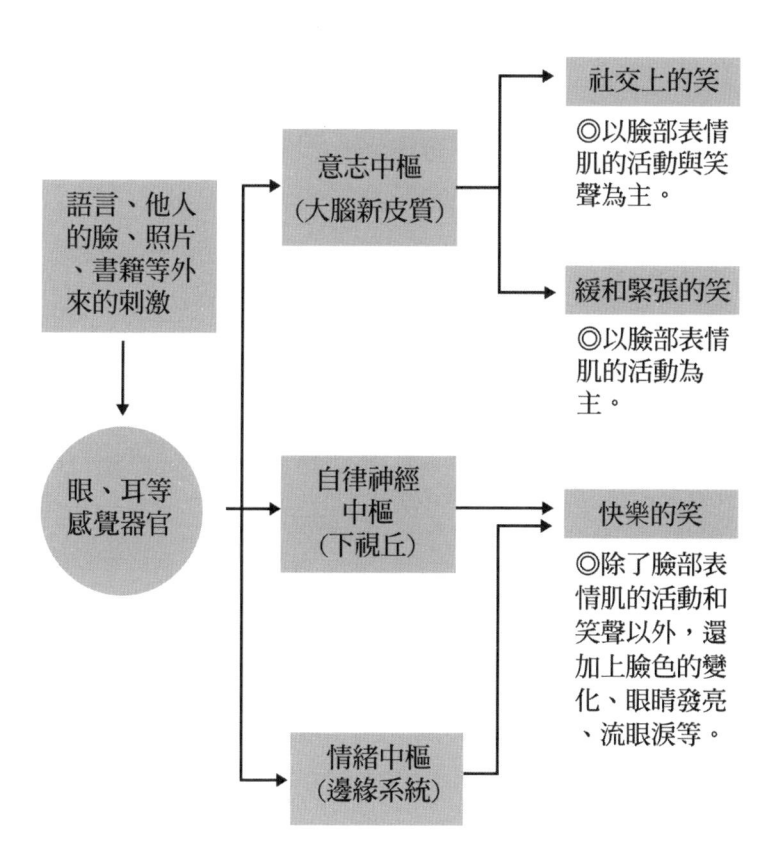

```
語言、他人         ┌─意志中樞──┬──► 社交上的笑
的臉、照片    ──►  │(大腦新皮質)│     ◎以臉部表情
、書籍等外         │           │     肌的活動與笑
來的刺激           │           │     聲為主。
    │              │           │
    ▼              │           └──► 緩和緊張的笑
眼、耳等      ──►  │自律神經中樞        ◎以臉部表情
感覺器官           │(下視丘)            肌的活動為
                   │                    主。
                   │
                   └─情緒中樞───────► 快樂的笑
                    (邊緣系統)          ◎除了臉部表
                                        情肌的活動和
                                        笑聲以外,還
                                        加上臉色的變
                                        化、眼睛發亮
                                        、流眼淚等。
```

8-4 律動是最佳的靈修

人生有兩大功課要學習：健康與快樂。

隨著科技發展、環境衛生的改善，人們的健康，有相當的改善，平均壽命延長至 80 歲。

但是隨著文明進步，人們的快樂並沒有相對增加。由於生活模式的變化，3C 產品的複雜化，人們沉迷網路遊戲；各種毒品毒害人類。生活步調越來越快，擾亂人們的自律神經，超越了人們的適應能力，使得不快樂（容易生氣）的人增加。

心理學與佛法，認為這些都來自於執著，很多人求助於心理專家或宗教心靈導師；但是，口頭的心理輔導或法師開示，要花相當的時間。

腦科學發現，首先讓身體流動，也就是律動，會增

加相當的腦內啡,體驗快樂與喜悅,是打破執著的好方法;因此,有專家認為:律動是最佳的靈修。

靈修的目的,是為了提昇意識到最高的境界;也就是喜悅、安詳、法喜充滿。

靈修的解釋為狂喜(Ecstasy)或成道;心理學稱為心流(Flow)的現象,也就是樂在當下。

腦科學認為全然的快樂,需要多巴胺、血清素、催產素、腦內啡成分。

研究指出:律動是最具有完整快樂內容的活動。

佛法所謂的正念(Right Mindfulness)包括:尋(集中目標)、伺(保持注意力)、喜(對目標有興趣)、樂(歡喜知足)、一心(樂知合一),跟心流的內容一樣。

基督的祈禱與佛法的靜心(禪定)也可以達到靈修的高度;過程會比較長,當然也很值得。

律動可以用較短時間,達成樂在當下;沒有各種形式的干擾或負擔,很容易達成身心合一的境界;活出快樂的自己。

律動可以隨時隨地進行,也可以融入生活中的各種活動;有如宇宙大如星球,不停自動旋轉;小如電子、

中子,也不停自轉。讓身心情緒,永遠保持正面,就能樂在當下。

所有的運動,最後都要回歸身體的流動;也就是保持身體動作的靈活度,打破硬梆梆的身體。律動的重點,在於讓身體流動。

就如同情緒的流動,想要愉悅,「進入心流」是保護頭腦最好的方法。身體流動跟情緒流動(心流),是相輔相成的。

身體流動的好處,包括:

1、由於筋骨流動,不會有筋骨痠痛的問題;目前腰痠背痛已經成為世界普遍的現象。
2、改善血液循環,尤其頭暈、心血管症狀、末梢循環不好。
3、增加幸福感,增加快樂元素:腦內啡、血清素、催產素。
4、深度睡眠,減少失智、恐慌、憂鬱。
5、強化免疫力與抵抗力。

第 9 章

四禪八定

以無所得故，菩提薩埵依般若波羅蜜多故，
心無罣礙，無罣礙故，無有恐怖，遠離顛倒夢想，究竟涅槃。

——《心經》

9-1 五禪支

　　無所得,就是無所執著。打破執著是佛法的重要內容。禪定波羅蜜是教導以禪定冥想,透過四禪八定,破除執著,遠離恐懼,進入涅槃。八正道的正念,屬於禪定的一部分,透過五禪支的修練,打破執著。

　　五禪支是禪修的主要內容。腦科學的觀察,禪修是專注力的強化訓練,類似於修習專注力,對某個目標保持高度專注。

佛法的五禪支包括:

　　1、尋:將注意力放在一個目標上,例如呼吸。
　　2、伺:對專注的目標保持注意力,例如從頭到尾,

覺察到整個呼吸的過程。
3、喜：對目標有強烈的興趣，例如感覺到湧動的喜悅感受。
4、樂：讓心歡喜，包括快樂、知足、祥和。
5、一心：覺知的統一，感受到每件事物都是一個整體；幾乎沒有念頭；活在當下的強烈感受。

茲比較五禪支（正念）與心流，可說完全一致：

五禪支	正念	心流
尋	將注意力集中在一個目標	放鬆專注
伺	對專注目標保持注意力	選擇目標
喜	對目標有高度興趣	高度專注
樂	歡喜的心快樂、知足	打破執著
一心	覺知的統一	悠然自在主客合一

9-2 四禪

依佛法的解釋,禪修的四禪,包括初禪天、二禪天、三禪天、四禪天,屬於色界的等級。腦科學對於其意識狀態、覺知與正向感覺,有深入的探討。

	色界	佛法解釋	意識狀態	覺知內容	正向感覺
初禪天	聲聞	離生喜樂	提升的、感情化的覺知、沒有喪失感覺	外在與內在感覺、印象、安靜和愉快	歡樂的、可愛的、快樂的、安靜的

	色界	佛法解釋	意識狀態	覺知內容	正向感覺
二禪天	聲聞	定生喜樂	沒有喪失感覺的專注：外在專注	專注外在源頭，或個人行動持續事件	安靜
三禪天	緣覺	離喜妙樂	喪失感覺的專注：內在專注	內在焦點與收縮，擴散與擴張，自由流動覺知本身，穿透黑暗、寧靜的空間	出現時：喜悅、極樂、狂喜、敬畏，某種特殊神聖的特質
四禪天	緣覺	捨念清靜			

9-3 四空定

更深入的禪定,稱為四空定,是相當高層級的意識狀態,佛法稱為無色界。腦科學亦有相當深入的探討其內容,包括意識狀態、覺知與正向感覺。

無色界	佛法解釋	意識狀態	覺知內容	正向感覺
初空天	空無邊處定	觀照智慧、見性、證悟	外在、永恆 真如 一體	沒有空間邊際受限的禪定 Boundlessness（Spacelessness）

無色界	佛法解釋	意識狀態	覺知內容	正向感覺
二空天	識無邊處定	終極存在，超越表達	終極來源根本空性，超越一體的空無	沒有心智受限的禪定 Mindlessness
三空天	無所有處定（想無邊處定）	持續開悟特性的階段	無限制的內在與外在	沒有時間受限的禪定 Timelessness
四空天	非想非非想處定		一切真如	圓融無礙的禪定 Wholeness

第10章

於不二境

一切如來光嚴住持,是諸眾生清淨覺地;
身心寂滅平等本際,圓滿十方不二隨順,於不二境現諸淨土。
——《圓覺經:文殊章》

一切眾生從無始來,妄想執有我、人、眾生及與壽命。
認四顛倒為實我體,由此便生憎愛二境。
於虛妄體重執虛妄,二妄相依,生妄業道。
——《圓覺經:淨諸業障章》

本際無二相,隨順諸方便,其數即無量。
如來總開示,便有三種類:寂靜奢摩他,如鏡照諸像;
如幻三摩提,如苗漸增長;禪那唯寂滅,如彼器中鍠。
——《圓覺經:威德自在章》

10-1 三種隨順覺性

「不二隨順，於不二境」是圓覺經的關鍵修持法門。不二隨順，就是將心中對立觀念或態度，所引起的問題或障礙，將其排除，進入順境。

「諸幻盡滅，覺心不動」，覺心不是另外一個不動的覺心，而是遠離一切對立的幻心，空性不壞，乃是遠離一切幻化。

「依幻說覺，亦名為幻」，只要是使用對立的概念，不管這概念有多偉大，由此生起的對立之心，都不是淨覺隨順。站在對立的任何一方，都是不隨順；執著任何一方，都失去隨順覺性。

圓覺經中，佛陀回答威德自在菩薩所問，提出三種隨順覺性的法門：

1、奢摩他（Samatha）
2、三摩鉢提（Samapatti）三摩地（Samadhi）
3、禪那（Dhyana）

奢摩他止法

「若諸菩薩悟淨圓覺，以淨覺心，取靜為行」，假若菩薩悟入清淨圓覺，以清淨圓覺之心，取靜為行，因澄清所有妄念的緣故，此時覺察到意識的煩動，因為了悟靜心之後，一切皆無我，所以能意識到煩動，清淨的智慧就產生，「靜慧發生，身心客塵從此永滅」，此時由內產生寂靜的輕安。

由於寂靜的緣故，十方世界諸如來之心，於中顯現如鏡中影像，用淨覺的心，見地來修止，修奢摩他，澄清內心的各種念頭，慢慢地靜慧發生，身心客塵永遠寂滅。十方世界一切如來的心，於中顯現，如鏡中影像，此方便的修持法，名為奢摩他。

淨覺心就是遠離一切幻，遠離一切輪迴染著；而一切平等，一切無差別的清淨覺心，在行住坐臥當中，以靜為行，心中不起妄想，以此方式修習止法。我們對

外境及四面八方的煩動,愈來愈清楚了知,心愈來愈寂靜,清淨的智慧就產生。

由於淨覺心緣故,寂靜到極點時,淨覺心就遍滿一切處,能夠映現十方世界諸如來心,於我們自心中開顯,如鏡中像一般,此即為大圓鏡智。

10-2 大悲如幻的三摩地

三摩地（Samadhi）、三摩缽提（Samapatti）、三摩呬多（Samahita），通稱為三昧。三摩地是等待,「等待」是平等持心,以淨覺心來覺知這些客塵都是幻化；平等持心而現如幻,以如幻的大悲,行菩薩行,相當於大悲如幻的三昧。

奢摩他是悟淨圓覺,然後用淨覺心取靜心,這是「止」。現在用這種淨覺心來知覺我們的心,因為淨覺心很清楚,六根、六塵、心念一切都覺察了悟,了悟這些都是幻化不實,是如夢幻泡影不實的東西。

此時,以幻除幻,以現起諸幻來除幻化,來開示幻眾；因為眾生有種種差別,我們有種種幻化,對治種種煩惱,

對治種種差別。我們幻化出種種相應的幻化，來降伏這些煩惱、差別、不同的眾生。

這菩薩圓滿的妙行，像土中的苗慢慢長出來了，稱為三摩地。現成幻化，以幻除幻，變幻諸幻開導幻眾，大悲輕安如心而現起，用如幻永離幻象，用大悲來養這佛苗，到最後圓滿。

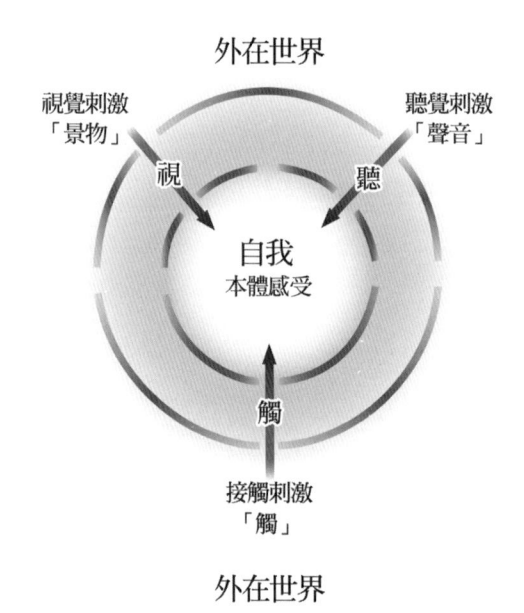

一般的心田（mental field）

腦科學的解說，我們面對外在世界，刺激（訊息）由外在外界與內在體感進入。它們的混合，提供「自我」的中心思考。

三摩地是「內在專注」。它的要點包括：

（1）無自發思緒；
（2）一種強化的、固定的、內化的覺知；
（3）特別清明的覺知，擴散進入周遭空間；
（4）身體自我的消失；
（5）明顯關閉所有視覺和聽覺；
（6）深度的、幸福的平靜；
（7）呼吸極度緩慢或停止。

它是一種單純狀態，感覺消失，並與極強度的覺知結合。在內在專注的深層，不但感覺輸入消失，思緒也不再做任何反省。後來，當個人從內向時刻出來時，感覺的知覺和情感好像被清洗過。「你發現，你自己充滿和平與安詳，並有尊嚴和堅強的精神力量。你在智慧上警覺和清楚，在情緒上純粹和敏感。」

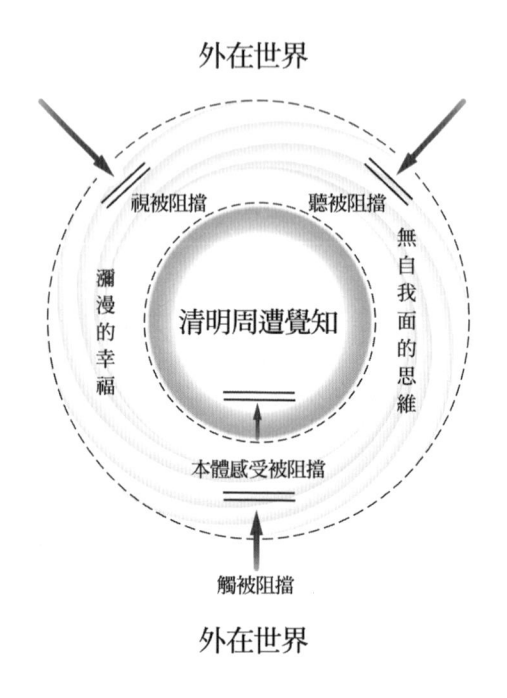

```
                    外在世界
                      ↓
         ┌─────────────────────┐
      視被阻擋              聽被阻擋
                                      無
    瀰                                自
    漫         清明周遭覺知           我
    的                                面
    幸                                的
    福                                思
                                      維
              本體感受被阻擋
         └─────────────────────┘
                      ↑
                    觸被阻擋
                    外在世界
```

感覺喪失的內在專注的心田

　　全神專注消除身體自我，剩下的是目睹的、安靜的、提升的清明周遭覺知。請注意，感覺被阻擋，外在世界和體感被關閉。除了瀰漫的喜悅和幸福感，其他情緒無法進入。

10-3 直入體性的禪那

　　幻化跟淨相都不取,直接了悟身、心都是罣礙;不要理會自己的身、心。這時候,如果我們沒有知覺的明瞭,也不依於一切障礙,直通永遠超越礙與無礙的境界。之後,能夠豁然自在受用這世界及身心。

　　用淨覺心直接超越過去,不取幻化、淨相,了悟身心為障礙,不依知覺也不依一切障礙,超越一切相對的境界,超越礙境與無礙境,而自在地受用。超越這一切的話,現前的身心世界,我們可以直接受用,直接超越過去;反而可以直接受用身相,因為不生起知覺,就沒有障礙,甚至連沒有障礙也無障礙了。超越障礙與無礙,這個身心就直接示現在這個世界中。

　　這樣的境界很微妙,就如器中的鍠,鍠是一種樂器,

鍠在器內,卻聲出於外。「相在塵域,如器中鍠,聲出於外」。我們在這樣的境界中,能夠受用這個世界與身心,由內發寂靜輕安,是在體性中的寂滅。

因此「覺隨順」寂滅的境界便現起,自他身心不能及,一切相對的相與非相,都不能留礙,稱之為「禪那」。是為妙覺體性的如來禪。

奢摩他（Samatha）	三摩地（Samadhi）	禪那（Dhyana）
直接取寂靜心	以幻化去除幻化	自體性中發寂滅心
寂靜輕安	發大慈悲輕安	寂滅輕安
依止得靜	依如幻生悲	體性本來寂滅
圓覺的體真之止	大悲如幻三昧	體性三昧（如來禪）

進一步請參考四禪八定

10-4 超越(不對立)

從放下我執的自在感,擴大到主觀與客觀合而為一的境界,也就是心靈內全然沒有對立的狀態稱為超越。

以兩性關係為例,現代社會的兩性交往,在功利競爭的掛帥下,情場如商場,亦如戰場。現代文化重視形式甚於實質,因此汲汲於追求「戀愛」(in love),卻對「關愛」(loving)的重要性多所漠視。關愛的基本態度來自於不執著,放下對名譽、地位、利益等的執著,純然是一種超越的狀態,因此不會陷入愛恨交織的對立情境。

將關愛延展到所有待人接物的狀態,是為友善(Friendliness),友善不是狹隘的、以利益為基礎的友誼(Friendship)或聯合(Association),而是來自於真

誠、尊重與接納,不占有、不操控、不傷害。

唯有友善,才能維持快樂的氣氛,增進人們的自在感與喜悅感。老子說:「善者吾善之,不善者吾亦善之,德善。」對於善行的人,友善對待他;對於欠缺善意的,也友善對待他,這樣才是最具德性的友善。友善兼具善意及行為,只有善意而欠缺友善的行為,反而有害。(《老子》第49章)

耶穌的愛、孔子的仁以及佛陀的慈悲,皆具有超越的性質。具有超越性質的事物,人們愈分享愈多,它們不是定量(Quantity)的物質,而是狀態的性質(Quality)。具有超越性質者,包括:

- 快樂(Happiness)
- 智慧(Wisdom)
- 靈性(Spirituality)
- 慈悲(Compassion)
- 宗教性(Religiousness)
- 歡慶(Celebration)
- 幽默(Humor)
- 和諧(Harmony)

- 和平（Peace）
- 美（Beauty）
- 友善（Friendliness）
- 愛（Love）
- 關愛（Lovingness）
- 仁愛（Benevolence）
- 自在感（Liberation）
- 瞭解（Understanding）
- 感恩（Thankfulness；Gratitude）

第 11 章

轉識成智

　　第三頌說明前五識的轉智：
變相觀空唯後得，果中猶自不詮真；
圓明初發成無漏，三類分身息苦輪。

　　第六頌說明第六識的轉智：
發起初心歡喜地，俱生猶自現纏眠；
遠行地後純無漏，觀察圓明照大千。

　　第九頌說明第七識的轉智：
極喜初心平等性，無功用行我恆摧；
如來現起他受用，十地菩薩所被機。

　　第十二頌說明第八識的轉智：
不動地前才捨藏，金剛道後異熟空；
大圓無垢同時發，普照十方塵剎中。

　　——《八識規矩頌》

11-1 轉識成智的目的

　　唯識的主要目的是要究明「萬法唯識」所變現的原理，以及如何將唯識所現的染法轉成淨法，將凡夫識轉成聖人智。也就是說將人生命中染汙的成分轉化成清淨的成分，這是唯識學的一種實踐，稱為「轉依」，也就是轉染依淨，是修行證果的必經過程。

　　人在這流轉的世間，不斷地受苦惱所困擾，要從這些煩惱中解脫出來，便要修行，將第八識的惡種子轉化成善的種子；因為惡的種子會生出惡的行為，善的種子會生出善的行為，所以轉惡的種子為善的種子就是唯識宗所說的「轉識成智」。

　　「轉識成智」的目的就是將凡夫的迷執煩惱根源──

妄情妄識，轉化成清淨無垢的圓滿智慧；化苦為樂，體證唯心淨土，心淨則國土淨的法樂，從自我的偏執，走向通達的生命觀。

由於所有的行為都是意識所展現的，只要我們願意開始將心意識，安放在清淨無執著的狀態，就已經開始在轉變了，能不能夠「成淨、成智」只是時間早晚的問題！

大家對「轉識」會覺得很困難，主要是因為對「唯識」的原理不熟悉，並且對轉化的禪修方法不熟練，而認為很難達到「轉識成智」。

其實，轉識成智可以循序漸進地在生活中練習，採取的練習步驟可先轉化表層意識（即前五識、第六識），再轉化深層意識（即第七識、第八識）。

由淺而深，由粗而細地逐步轉變淨化。先轉化表層意識，再淨化深層意識，才能將全體心意識都轉化成功。整體的八識都淨化成功，五蘊身心徹底清靜了，就達成「轉依」。

心意識轉變，從轉念做起，紓解自己的情緒煩惱，得到舒壓放鬆的快樂，進而轉識提升自己的智慧，得到

喜悅輕安的快樂，以智慧力淨化自己依持的五蘊身心，稱為轉依，得到清淨解脫的究竟快樂，也就是成佛，法喜充滿，禪悅為食。

量子轉識

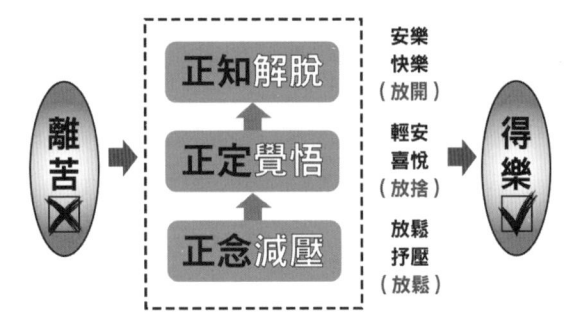

離苦 ❌ → 正知解脫 — 安樂 快樂（放開）
正定覺悟 — 輕安 喜悅（放捨）
正念減壓 — 放鬆 抒壓（放鬆）
→ 得樂 ✓

11-2 轉前五識為成所作智

依照腦科學，瞭解佛法精髓「轉識成智」，可以由專注力的觀點出發探討。

專注力是整個心智系統的引擎，是整個心智系統運作的關鍵因素。專注力遍及生活所有的層面。有些時候我們過得很輕鬆，但有些時候卻過得很辛苦。我們可能在前一個時刻，覺得關愛、慷慨、喜悅，但是下一刻卻覺得煩躁、敵意與冷漠。上午我們可能感到對問題的無能為力，但是到了下午，卻感到那問題無關緊要，將它拋到九霄雲外。身體某部位疼痛，在某一個時間痛到極點，然而轉瞬間，卻好像消失了。

這些改變到底是如何造成的呢？最基本的原因在於即時改變專注的形式。專注力形式的改變，是每日生活

中隨時隨地伴隨著人們,只是我們沒有覺察到自己專注力的改變。改變專注的方式,也就是人們如何塑造並且引導人們的意識,在生活中是相當重要的角色,但是卻未被充分認知。

選擇專注的方式與方向是非常重要的,某些專注的方式,可以迅速轉變情緒,甚至減少情緒上的壓力,某些專注的方式,可以減輕身體的疼痛。例如,人們在看電影或度假時,得到樂趣或放鬆,乃因為這些活動改變人們專注的方式。度假時,人們往往選擇開闊的自然環境,擴張了注意力,涵蓋了各種感官的意識,包括天空、草原、樹林、花草或海洋等。讓人們不再狹隘地聚焦於業績、升遷、財務、人際壓力等。

當我們專注於一種僵硬、費力而且緊張的方式時,對我們整個身心系統都會造成壓力,我們往往會透過焦慮、憤怒、恐懼、僵硬、費力與抗拒的方式,因而過度反應。當我們專注於一種有彈性的方式時,會比較開放、舒適、健康、更具活力與創意,增添接受度、容忍度、彈性、同理心與持續力,增加對壓力的適應力。

關於透過專注力而改善我們的身心健康與福祉,必須釐清一個要點,問題不在於人們要專注於「什麼」,

更重要的是,我們要「如何」專注,「如何」形成並且引導我們的意識,以及「如何」持續某種選定的專注形式。我們受限於專注的模式,不知道將我們圍住的牆是怎麼造成的,也不知道要如何使它消失。我們知道牆是自己構築的,並且認為那些牆的形成是來自我們認知的內容,例如發生在我們身上的某些事情,或者出於一些外在的因素,從而卡在一個不斷檢視問題的內容以尋找解答的過程中,一直找不到出路。此等將我們圍住的牆,其實來自於專注模式的選擇。

專注力即俗稱為心眼(Mind's eye),狹隘緊張聚焦的方式,稱為狹隘專注;彈性放鬆分散目標的方式,稱為開放專注。茲比較如下:

	狹隘專注	開放專注
對準目標模式	單一或少數目標	目標分散
背景	只注意目標 完全不顧背景	目標與背景混合 界線不清

	狹隘專注	開放專注
性格取向	封閉的 排他的 緊張的 固執的 自私的	開放的 包容的 輕鬆的 彈性的 同理心的
啟動自律神經	交感神經系統	副交感神經系統
對身心影響	負面情緒 頭痛、肩頸僵硬 失眠 注意力不集中 唾液減少、口乾舌燥 心跳加速 大腸急躁症 胃食道逆流 膀胱焦慮症 換氣過度	正面情緒 正面感受敏銳 心靈平靜自在 想像力增進 創造力增進 增加學習樂趣 心流體驗 啟動自癒力 減輕疼痛

開放專注（放鬆專注），能免於五官欲望的支配，打破對它們的執著，能夠以正面思考與情緒，成就工作。是為成所作智。

11-3　轉第六識為妙觀察智

在第 2 章執著四相,我們談過,前五識的執著,稱為我相,也就是對五官欲望的執著,內容包括名譽、地位、權力、財富、奢華、毒品、賭博、菸酒等諸身外之物。

第六識的執著為較高層次欲界的執著,稱為人相,也就是對心智(Mind)的執著,內容包括面子、自卑、抱怨、恐懼、嫉妒、仇恨、壓抑等。跟前額葉意志支配有關。

佛法透過禪定訓練打破前五識與第六識的執著,稱為正念(Right Mindfulness)。其內容跟腦科學所謂的心流(Flow)是一致的。

關鍵在於如何運用頭腦的引擎——專注力,當使用

狹隘專注的時候，也就是緊盯著目標想要支配或占有時，會產生執著。因此放鬆專注是第一步，稱為開放專注（Open Focus），以彈性的態度選取一個目標（尋），再對於這目標，保持彈力持續（伺），這就能免於對五官欲望的執著，能用正面的思考與情緒，從事工作，轉前五識為成所作智。

接著進入高度專注（Hyper Focus）的狀態，對於目標有高度興趣（喜），能夠持續投入創意與熱情，接著滋長歡喜的心，快樂知足（樂），這時候可以說是打破執著，有了悠然自在的心流，體驗主客合一，覺知的統一（一心），成就了正念。

這時候，已經打破對於心智的執著，保持正面的情緒與思考，不計較、不嫉妒、不壓抑、不仇恨、不支配、不自卑。對於心智的觀察相當敏銳，轉第六識為「妙觀察智」。

11-4　轉第七識為平等性智

第七識執著為眾生相,眾生相是意識更高層次的執著,屬於色界(Form),包括對於抽象事物的執著與認知的偏見。色界內容包括形式的、抽象的。包括意識型態、概念、觀念(地域)、語言、文字。目前因為意識型態的對立與爭執。產生很多悲劇與不幸。

打破這些種種的對立,在禪定訓練中,為四禪天,也就是圓覺經的「不二隨順,於不二境」。佛陀提出三種隨順覺性的法門:

1、奢摩他(Samatha)
2、三摩鉢提(Samapatti)三摩地(Samadhi)
3、禪那(Dhyana)

三摩地為「內在專注」，也就是在轉第七識的時候，由外在專注進入內在專注，在其深層，不但感覺輸入消失，思緒也不再做任何反省。當個人從內向時刻出來時，感覺的知覺與情感，好像被清洗過。自己充滿和平與安詳，有堅強的精神力量，瀰漫著喜悅與幸福感。

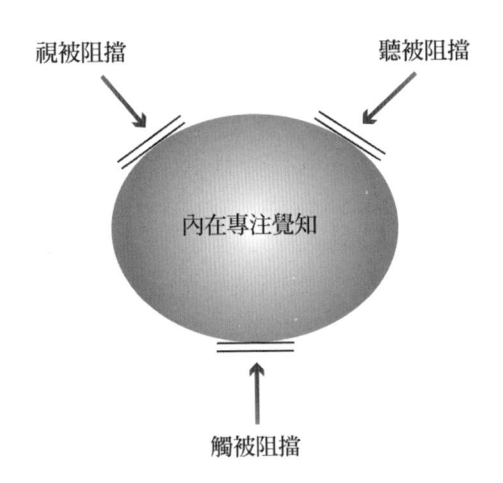

視被阻擋　　聽被阻擋

內在專注覺知

觸被阻擋

從放下我執的自在感，擴大到主觀與客觀合而為一的境界，也就是心靈全然沒有對立的狀態，稱為超越（Transcendence）。此即為「平等性智」。

11-5　轉第八識為大圓鏡智

　　第八識執著的壽者相，壽者相是意識層次最高的執著，也就是對無色界、時間的執著。時間關係著生死、生命本質的質疑，執著於生命會導致對生命的否定。生與死乃生命現象的循環，應當泰然處之。

轉第八識的專注為四空定（四空天）：

　　1、空無邊處定：沒有空間邊際受限的禪定
　　2、識無邊處定：沒有心智受限的禪定
　　3、無所有處定：沒有時間受限的禪定
　　4、非想非非想處定：圓融無礙的禪定

第八阿賴耶識是宇宙人生的本源，以其能含藏一切色、心諸法種子。第八識是決定眾生生命的整個內涵本質，它不會隨著身體的消失而消失，它會一直傳續下去，轉移到一個新的生命軀體中，展開新的活動，不會停息。所以，它是吾人生死流轉的根本。

　　當一個人朝向持續開悟的特性，它們很難用正式的科學名詞形容。如果我們必須用簡單的字彙，它們是輕盈、精神釋放，和調和融洽。禪佛學稱之為見性。

　　當一個人從見性出來時，他的行為生動活潑，一種「高度活動」（hyperpraxia）瀰漫。它是一種賦予生命（promethean）的情況。現在，運動技巧不受限制，也不被壓抑。

　　由識轉成的智不會起執著，因為智就是以緣起性空的性格來看世間事，識是執著，智則空。由前五識轉成成所作智，它是成就世間事務的智慧，範圍廣泛。第六識的妙觀察智是觀察世間種種的特殊性格。平等性智是觀照事物的共同性格——緣起性空，而大圓鏡智是將事物的特殊性和普遍性總合起來，及時把握這最高最圓滿清淨的智慧。

	轉識成智	心智訓練	禪定訓練	專注
前五識	成所作智	不執著 （去我相）	正念（心流） 尋、伺	開放專注 Open Focus
第六識	妙觀察智	不執著 （去人相）	正念（心流） 喜、樂 一心	高度專注 Hyper Focus
第七識	平等性智	不對立 （去眾生相）	四禪天	外在專注 轉為 內在專注
第八識	大圓鏡智	圓融 （去壽者相）	四空天	真如一體 （見性） Enlightenment

第12章

大腦網絡與佛法

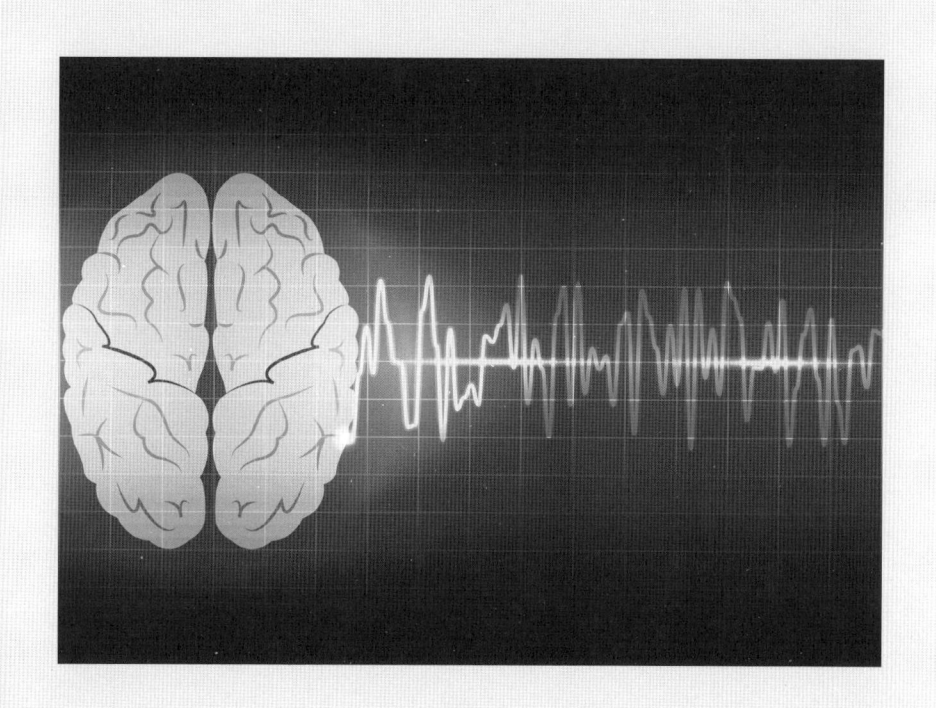

12-1　三個互動的神經網絡

在神經醫學中，大腦的認知功能主要由三個互動的神經網絡來調控。分別是：預設模式網絡（Default Mode Network，DMN），中央執行網絡（Central Executive Network，CEN）和顯著性網絡（Salience Network，SN），以下將以 DMN、CEN 和 SN 來稱呼。

在大腦運作中，預設模式網絡（DMN）和中央執行網絡（CEN）是兩個主要的功能性神經網絡，它們在思維上、專注力、自我意識等等方面扮演互補角色。這兩個網絡也扮演「拮抗（相互抑制）」的關係，當一個活躍時，另一個通常會被抑制。第三個是顯著性網絡（SN），負責偵測內外部訊號的重要性，並在 DMN 和 CEN 之間調節。

這種動態平衡影響我們的思維模式、專注力、情緒管理,甚至與佛法修行的不同境界有關。

與 DMN 一起運作的 SN、CEN

顯著性網絡 (SN)

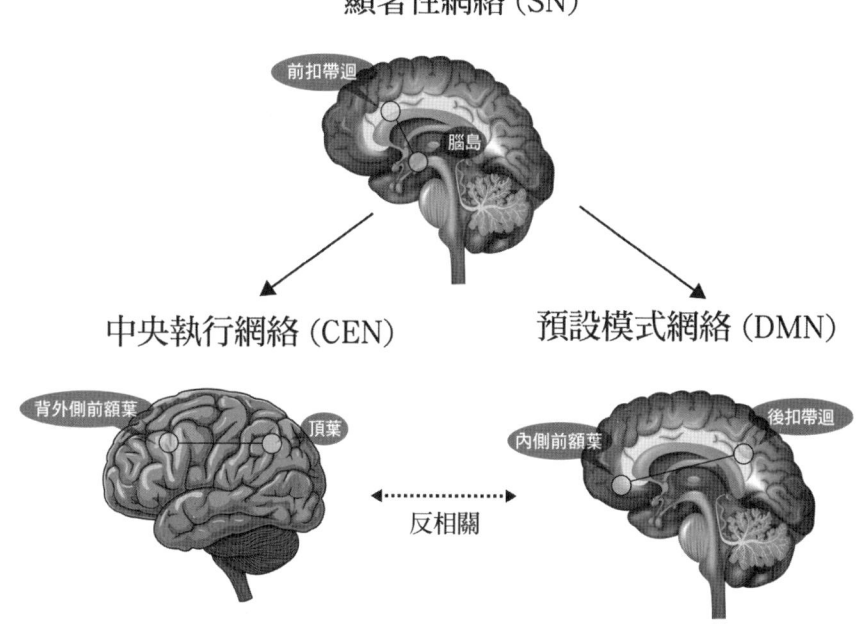

前扣帶迴
腦島

中央執行網絡 (CEN)　　　預設模式網絡 (DMN)

背外側前額葉　頂葉　　　內側前額葉　後扣帶迴

反相關

12-2 預設模式網絡

預設模式網絡（DMN）：與內在世界和自我意識有關

1、主要功能在負責自我意識（Self-awareness）、內省（Introspection）、回憶和想像未來。當我們放空、發呆、做白日夢或思考過去與未來時，DMN 會變得活躍。過度活躍時，可能導致焦慮、憂鬱。在禪宗的內觀修行、正念靜坐中，DMN 可能會減少活動，使心靈趨向「無我」。
2、主要腦區位於
　（a）內側前額葉皮質（MPFC）：處理自我意識和情緒調節。

（b）後扣帶皮質（PCC）：與記憶和注意力切換有關。
（c）頂葉與顳葉 (Angular Gyrus, Temporal Lobes)：負責語言與情境聯想。

3、與佛法的關係
（a）在《唯識學》「第六識（意識）」與「第七識（末那識）」裡，當DMN過度活躍時，容易產生「我執」與「分別心」，導致煩惱與痛苦。
（b）在《金剛經》裡，「應無所住而生其心」，透過禪修減少DMN活動，使心不執著於自我與念頭。

12-3 中央執行網絡

中央執行網絡（CEN）：與專注和決策有關

1、當我們進行深度思考、學習、專注於某個目標時，CEN 會高度活躍。負責專注、邏輯推理、決策制定、問題解決、認知控制。在「狹隘專注禪修」（如數息法、持咒）時，CEN 可能會變得更強化。過度活躍時，可能導致壓力過大、焦慮、強迫性思維。
2、主要腦區位於
   (a) 背外側前額葉皮質（DLPFC），負責邏輯分析、計劃與執行。

(b）頂葉（Parietal Cortex），負責注意力與空間感知。
3、與佛法的關係
　　（a）《楞嚴經》：「制心一處，無事不辦」，CEN 對於「專注禪定」，例如數息法、持咒等等，來訓練心智，使意識不散亂。
　　（b）《阿含經》：「四念住修行」，CEN 幫助修行者專注於「身、受、心、法」，以觀察內心狀態並保持正念。

12-4 顯著性網絡

顯著性網絡（SN）

1、主要功能在於偵測環境中的重要資訊，感知內外在訊號的變化，情緒與社交認知，調節 DMN 和 CEN 的切換。

2、主要腦區位於
　（a）前腦島（Anterior Insula），負責內在覺察，例如：身體感覺、情緒變化等。
　（b）前扣帶皮質（ACC），負責認知控制與衝動抑制。

3、與佛法的關係
    （a）《禪宗》：「本來無一物」，當 SN 活化時，我們能夠超越分別心，直觀當下的真相。
    （b）「正念覺察」，SN 能幫助修行者，時刻留意心念變化，減少執著與妄念。

12-5 互動關係

DMN、CEN 和 SN 的互動關係

1、DMN 與 CEN 是「拮抗」關係
　（a）DMN 活躍時，CEN 受到抑制，例如：當我們放空、緬懷過去、沉浸在內心世界時，CEN 的專注力下降。
　（b）CEN 活躍時，DMN 受到抑制，例如：當我們高度專心在做某件事時，DMN 變得較不活躍，自我意識會減弱。
2、SN 負責調節 DMN 和 CEN
　當 SN 偵測到需要專注的目標時（如工作、危

機處理），它會抑制 DMN，啟動 CEN，讓我們進入高度專注狀態。

當 SN 偵測到需要放鬆與內省時，它會抑制 CEN，啟動 DMN，讓我們進行反思、創意、發想或內觀。內觀是一種正念禪修，可提升 SN 功能，使我們能在「放空」與「專注」之間靈活切換。

12-6 如何調節

佛法修行如何調節 DMN 與 CEN？

1、DMN 過度活躍→執著妄想→透過禪修減少我執
  ◎當 DMN 過度活躍時，容易產生「我執」、「過去的懊悔」、「未來的憂慮」等等念頭，使人陷入煩惱與痛苦。
  ◎修行方法：
  ・「無念禪」──練習「放下」念頭，減少 DMN 活動，使心靈保持開放、清靜。
  ・「正念冥想」──專注當下，以減少過多的內心對話。
2、CEN 過度活躍→緊張焦慮→透過開放覺知提升心靈彈性

◎當CEN過度活躍時，可能導致「過度控制」、「強迫思考」，甚至壓力過大。
◎修行方法：
- 「開放專注禪修」（如頓悟、無相禪）——允許念頭自由流動，不刻意控制，增強DMN的流動性，使思維更具創造力與靈活性。
- 「慈悲冥想」——放下過度的理性分析，以愛與慈悲柔化心靈。

修行方法	影響的大腦網絡	主要作用
正念禪修 （Mindfulness Meditation）	SN、CEN、DMN	增強覺察力、專注當下、減少焦慮
觀呼吸 （Anapanasati）	SN、CEN	提升專注力、穩定情緒
慈悲觀 （Metta Meditation）	SN、DMN	增強慈悲心、減少負面情緒
內觀禪 （Vipassana）	SN、DMN	增強自我覺察、減少執著

修行方法	影響的大腦網絡	主要作用
止禪 （Samatha）	CEN、SN	深度專注、 心智穩定
念佛 （Mantra Meditation, Chanting）	SN、CEN	減少雜念、 穩定情緒

1、DMN 過度活躍會產生自我意識與回憶，可能導致「我執」與「妄念」。

2、CEN 讓我們專注於目標，但過度活躍可能導致「壓力」與「焦慮」。

3、SN 能調整 DMN 和 CEN，使我們能夠在「放鬆內省」與「專注行動」之間保持彈性。

4、修行與禪定能夠調整這三大網絡，使心智更加清明、專注，最終達到智慧與解脫的境界。

第13章

量子力學、大腦與佛法

現代量子力學和神經科學幫助我們理解佛法修行與大腦運作的關聯。
我們將結合量子理論、大腦網絡（中央執行網絡、預設模式網絡）、
專注狀態（開放專注、狹隘專注），來探討它們和佛法修行的互相對應關係。

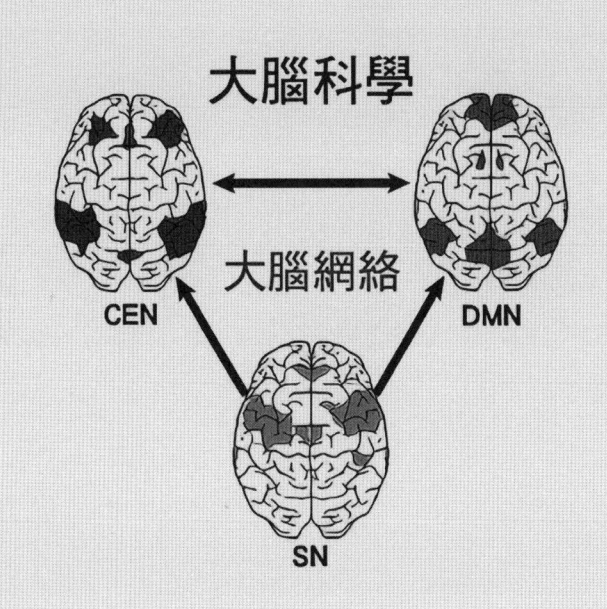

大腦科學

大腦網絡

CEN　　　　　DMN

SN

13-1 量子力學與大腦

量子力學的核心概念

（1）量子疊加（Superposition）：量子可以同時處於多種狀態，在被「觀察」時才會「塌縮」成另一種狀態。這與我們日常的經驗不同。

（2）觀察者效應（Observer Effect）：在量子世界中，觀察者本身會影響實驗結果。例如，在雙縫實驗中，電子在沒有被觀察時表現為波動性（同時通過兩個縫隙），一旦被觀測，電子則變成粒子（只能通過其中一個縫隙）。這表明「觀察者（意識）」的存在，會影響實驗的結果。

（3）量子糾纏（Quantum Entanglement）：兩個糾纏的粒子，即使相隔遙遠，仍能瞬間影響彼此的狀態。這種違反經典物理的局部性原則，顯示宇宙可能有更深一層的「互聯性」。

量子腦理論

英國科學家兼諾貝爾獎得主羅傑・彭羅斯（Roger Penrose）和美國麻醉科醫師斯圖爾特・哈默羅夫（Stuart Hameroff），認為意識可能源於量子效應，並提出「量子腦理論」（Quantum Consciousness）。

- 微管（Microtubules）理論：大腦神經元內的微管可能運行量子計算，使意識不僅限於經典物理局部性運作，而具有「非局部性」。
- 意識的量子塌縮：心識（Mind）可能透過量子塌縮，在「不同的可能性之間切換」，這與禪修中的「無念」與「空性」相呼應。

這與佛法「一切唯心造」的觀點不謀而合——即我們的意識不只是物質現象，而可能與宇宙更深層的量子場連結。

13-2　大腦網絡與佛法修行

現代神經科學發現，大腦的運作涉及三大核心網絡：
(1) 中央執行網絡（Central Executive Network，CEN）與「狹隘專注」（Focused Attention）有關。
(2) 預設模式網絡（Default Mode Network，DMN）對應「開放專注」（Open Awareness）。
(3) 顯著性網絡（Salience Network，SN），負責調整 CEN 和 DMN 切換。

這些「大腦網絡」如何與「量子概念」和「佛法修行」產生關聯？

1、中央執行網絡（CEN）——狹隘專注 vs. 量子塌縮

- CEN負責理性思考、邏輯分析、目標導向行為（例如，當我們專注於工作或解決問題時）。
- 這與「狹隘專注（Focused Attention）」對應，類似於專注禪定（Samatha），即穩固心念於單一對象（如呼吸、咒語）。
- 從量子力學角度來看，這種「狹窄的關注」就像是量子塌縮，從「所有可能性」中選擇一個特定焦點。

對應佛法修行：

- 定力（Samadhi）：當專注力高度集中時，意識穩定不動，如同量子塌縮至單一觀察結果。
- 唯識學派的「遍計所執性」：認為我們的執著來自「局限的觀察」，如同CEN只關注某個特定現象，忽略更廣闊的真相。

2、預設模式網絡（DMN）──開放專注 vs. 量子疊加

- DMN 負責自我意識、內省、創意、直覺，當我們放空、進入默想或靜坐時，DMN 會變得活躍。
- 這對應「開放專注（Open Awareness）」，如禪宗的「無念」，允許所有念頭來去，不執著於任何一個念頭。
- 從量子角度來看，這種「開放」狀態類似於量子疊加，意識處於多種可能性之間，不受特定執念所束縛。

對應佛法修行：
- 空性（Śūnyatā）：佛教認為一切現象無自性，即沒有固定的本質，如同量子態在塌縮前具有無限可能性。
- 頓悟（Satori）：當 DMN 充分開啟，個體可能進入「無分別智」，體悟一切即空，這與量子理論中的「非局部性」類似。

3、顯著性網絡（SN）——轉換點

- SN 負責在 CEN（專注）與 DMN（開放）之間切換，決定我們該進入「分析模式」還是「直覺模式」。
- 這與佛法中的「中道」概念相似，即在「分析 vs. 直覺」、「有 vs. 空」之間保持平衡。
- 修行的關鍵是「如何讓顯著性網絡（SN）有效運作」，使我們在「專注」與「開放」之間自如轉換。

對應佛法修行：

- 般若（Prajñā）：真正的智慧不只是理性思考（CEN）或純粹直覺（DMN），而是在兩者之間找到平衡。
- 如來藏思想：眾生本具佛性，只因妄念（CEN 過強）或散亂（DMN 過強）而迷失，需透過修行讓「顯著性網絡」恢復正確運作，回歸本性。

13-3 量子力學、神經科學與佛法修行

從量子力學、神經科學與佛法修行的角度來看,修行的過程可解釋如下:

狹隘專注(FA)=量子塌縮

透過 CEN 控制專注力(如禪定),讓心念不散亂,進入「定」的境界。

開放專注(OA)=量子疊加

透過 DMN 擴展意識,不執著於任何特定對象,進入「無我」狀態。

顯著性網絡（SN）＝中道智慧

修行的最終目標，是平衡「專注與開放」，達到「非二元」的智慧，及般若智慧。

科學VS佛學

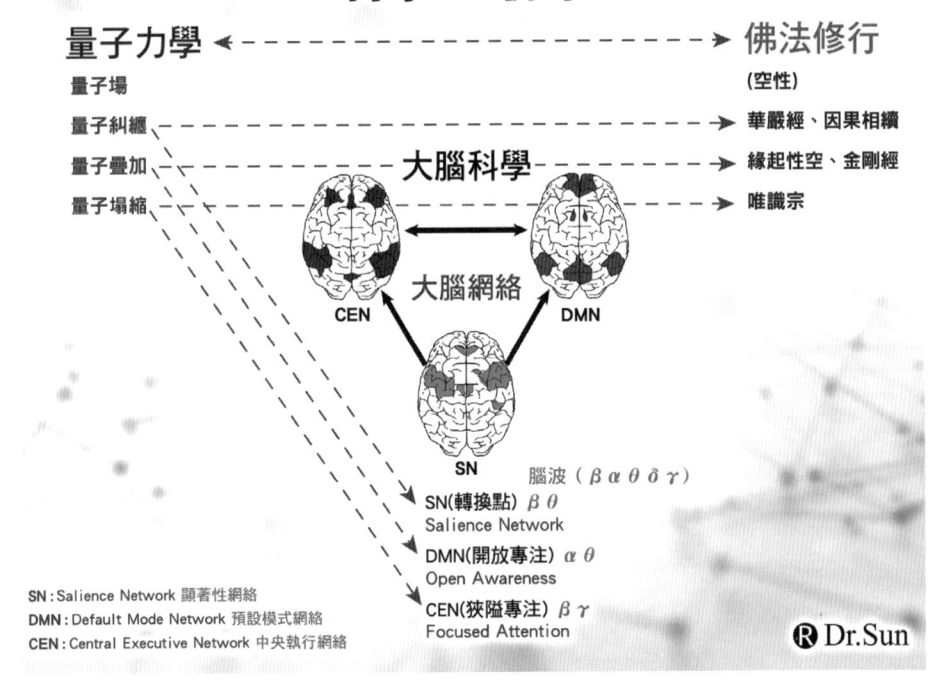

量子力學 ←------------------→ 佛法修行
量子場　　　　　　　　　　　　　　　　(空性)
量子糾纏 ----------------------→ 華嚴經、因果相續
量子疊加 ----------大腦科學-------→ 緣起性空、金剛經
量子塌縮 ---------------------→ 唯識宗

大腦網絡
CEN　　　DMN
SN

腦波（$\beta\alpha\theta\delta\gamma$）
SN(轉換點) $\beta\theta$
Salience Network
DMN(開放專注) $\alpha\theta$
Open Awareness
CEN(狹隘專注) $\beta\gamma$
Focused Attention

SN：Salience Network 顯著性網絡
DMN：Default Mode Network 預設模式網絡
CEN：Central Executive Network 中央執行網絡

Ⓡ Dr.Sun

透過量子力學、神經科學與佛法的結合，我們可以看到：
- 意識的覺醒如同量子塌縮，將混沌歸於清明。
- 心靈的解脫如同量子疊加，超越執著，保持開放。
- 真正的智慧來自於「中道」，在專注與開放之間找到平衡。

最終，成佛不只是理性的理解（CEN）或直覺的頓悟（DMN），而是超越量子二元對立，進入純粹的覺知狀態。

這樣的觀點，是否幫助你更深入理解大腦、量子力學與修行之間的關係？

第14章

專注力、大腦與修行

專注力（Attention）是處理資訊的心理機制，可以分為：
開放專注（Open Awareness）與狹隘專注（Focused Attention）兩種不同的運作模式，
在大腦的認知、禪修、注意力與創造力各方面各有特色，而且可以互相轉換。
這兩種模式平衡運作，對於學習、工作、冥想修行乃至靈性覺醒，都有深遠影響。

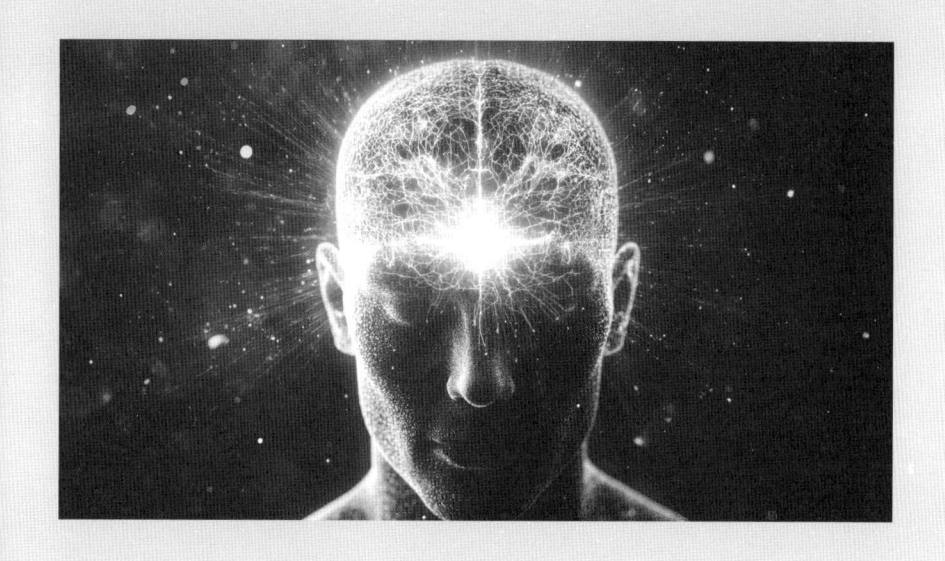

14-1 開放專注（Open Awareness，OA）

開放專注（OA）是一種擴展性的注意力模式，允許我們對環境與內在世界保持全方位的覺察，而不特別鎖定某個特定的目標或刺激，保持整體的覺知，允許所有感知自由浮現。這種模式強調「接受」而非「控制」，不刻意分析或評判，而是讓它們自然流動。適用靈性修行、創造力激發與全局思考。

特點：
- 不鎖定單一對象，而是對整體環境保持開放覺知。
- 允許思維自由流動，不強行控制。

- 提高創造力與靈感。
- 增強靜心與內在覺察。
- 激活大腦的預設模式網絡（DMN，Default Mode Network）。

應用場景與舉例：
- 禪修與正念冥想：
  例如，當你坐在公園裡冥想，閉上眼睛，覺察風吹過皮膚的感覺、遠處鳥鳴的聲音、自己的呼吸律動，而不刻意關注某一個特定事物。
- 藝術創作與即興演奏：
  畫家在作畫時，可能並沒有明確的計畫，而是讓靈感自由流動，覺察畫布上每一筆顏色如何變化，並即興創作。
- 散步與自然靜觀：
  你在森林中漫步，不特意觀察某棵樹或某朵花，而是讓眼睛自由掃視，感受整體環境的變化，如光線、氣味、聲音等等。

14-2 狹隘專注 (Focused Attention，FA)

狹隘專注是一種集中式的注意力模式，指的是將心力聚焦在單一目標或特定訊息上，並過濾掉不相關的訊息。這種專注方式可以幫助我們有效解決問題、學習新技能或完成複雜任務，但過度使用可能會導致心理疲勞。

特點：
- 只專注於特定對象，過濾不相關的資訊。
- 目標導向，適合需要高精確度的任務。
- 適合深度思考與技能訓練，但容易造成疲勞。

- 提高工作效率、學習效果。
- 激活大腦的中央執行網絡（CEN，Central Executive Network）。

應用場景與舉例：
- 讀書與學習：

  當你閱讀一本專業書籍時，完全聚焦於文字內容，排除周圍的噪音與干擾。
- 運動競技：

  射箭選手在比賽時，專注於箭靶中心，忽略周圍觀眾的喧鬧聲，以確保精準射擊。
- 演奏樂器：

  鋼琴家在演奏時，必須專注於樂譜與手指的動作，以確保正確彈奏，而不會分心去注意觀眾的反應。
- 駕駛車輛：

  高速公路上開車時，你的注意力集中在路況與前方車輛，忽略路邊的廣告與行人，以確保安全行駛。

14-3　兩者的關係：互補與轉換

1、相互對立但互補

- 狹隘專注（FA）需要「抑制」外界干擾，專注於單一點。
- 開放專注（OA）則是「允許」所有感知進入，並與環境融為一體。
- 兩者的切換是「效率與靈感」、「控制與放鬆」的平衡。

例如學習新知時，使用狹隘專注理解概念，之後透過開放專注，將知識與其他經驗連結，激發更深層的理解。

2、大腦網絡的切換

- 狹隘專注（FA）→中央執行網絡（CEN）活躍，DMN 抑制（高效處理資訊、執行任務）。
- 開放專注（OA）→預設模式網絡（DMN）活躍，CEN 抑制（靈感浮現、創意思考、內省）。
- 適時切換能提升認知靈活性與創造力。例如先用狹隘專注寫一份報告，完成後切換到開放專注，放鬆一下，讓大腦自發性地整理資訊，甚至可能產生新的想法。

3、修行與禪定的應用

初階修行學者（專注力較弱）

- 可先從狹隘專注開始（如數息法），例如透過「數息禪」來強化中央執行網絡（CEN），穩定心念，排除雜念。

進階修行者（專注穩定，但仍受思維控制）

- 可進一步修「開放專注」（OA），學習不再執著於單一對象，而是全然接受當下的一切經驗，這時 DMN 開始活躍，並與中央執行網絡（CEN）動態平衡。

究竟修行者（開悟階段）

- 能夠自由切換 FA 與 OA，即能專注於某一對象（如持咒），也能完全開放覺察（如證悟無我）。
- 這種境界類似於《金剛經》所說的「應無所住而生其心」，即不執著於一物，但也不落入無念的空白狀態。

14-4　結合大腦網絡優化執行

1、鍛鍊專注力（先強化 CEN，發展 FA）：

- 透過數息禪、念佛、專注觀想，強化中央執行網絡（CEN），建立穩固的專注能力。
- 例如《金剛經》的「應無所住」觀念，能訓練理性專注與空性智慧。

2、開發靈性直覺（啟動 DMN，發展 OA）：

- 透過默照禪、頓悟禪、夢修等，讓 DMN 活躍，培養內觀與無執著的開放智慧。

- 如《華嚴經》的「一即一切，萬法皆通」觀念，能幫助修行者開啟全局視角。

3、平衡 CEN 與 DMN，實現智慧與專注的融合：

- 適時切換兩種專注模式，使修行者既能深入禪定，也能保持靈性覺察，最終達到「定慧等持」。

掌握這兩種大腦網絡的運作方式，有助於修行者選擇適合自己的禪修法門，最終達到「定慧圓滿」的境界！

大腦網絡	主要功能	對應專注方式	修行方法
中央執行網絡（CEN）	聚焦 決策 專注控制	狹隘專注（FA）	數息禪 念佛 專注觀想
預設模式網絡（DMN）	自我覺察 內在聯想 靈性思維	開放專注（OA）	默照禪 頓悟禪 觀音法門

14-5 結論

　　狹隘專注讓我們能夠完成目標、提升學習力與決策力，而開放專注則幫助我們提升覺察力、創造力與靈性修行。

　　現代神經科學與佛法修行都強調這兩種模式的平衡與轉換，讓我們能夠在不同情境下靈活運用，使大腦與心靈達到最佳狀態。

第15章

大腦專注與唯識學

大腦的專注模式分為開放專注（Open Awareness）與狹隘專注（Focused Attention），
這兩種專注形式不僅與現代神經科學中的大腦網絡功能密切相關，
同時也能與唯識學中的心識運作與修行智慧對應。唯識學強調「轉識成智」，
即將日常的心識活動轉化為清淨智慧，達到解脫的境界。
以下將從神經科學與唯識學的角度，探討這兩種專注模式的關聯。

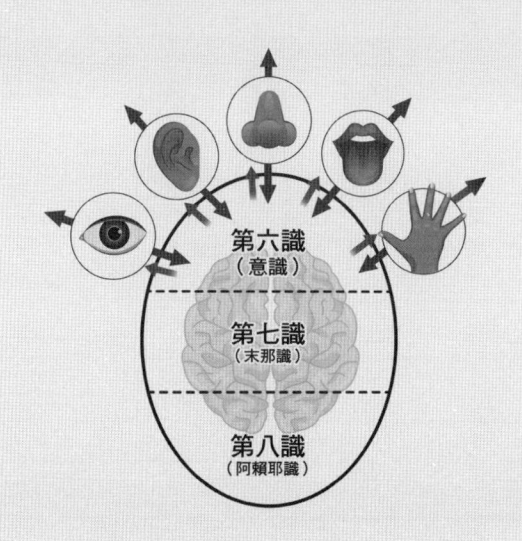

15-1 大腦專注模式的基本概念

1、狹隘專注（Focused Attention）

- 定義：將注意力集中在單一對象（如呼吸、咒語或一個具體的問題）上，過濾掉其他無關的感官或思維干擾。
- 大腦對應：啟動中央執行網絡（Central Executive Network，CEN），負責目標導向、計劃與邏輯思維。
- 功能：提升專注力與分析能力，但長期使用可能導致壓力累積與過度自我評價。

2、開放專注（Open Awareness）

- 定義：保持對所有內外經驗的覺察，不特意聚焦在任何一個特定對象上，接受當下的感官刺激、情緒與思維流動。
- 大腦對應：主要涉及預設模式網絡（Default Mode Network，DMN）與顳頂接合區（TPJ），與自我觀照、內在思考和創造力相關。
- 功能：促進全局思維、情緒調節與創造性解決問題，幫助放鬆與減壓。

15-2 唯識學的核心概念

唯識學（Vijñānavāda）認為「萬法唯識」，一切現象都是心識的顯現。唯識學將心識分為八識：

1、前五識（眼、耳、鼻、舌、身識）：感官對外界的直接感知。
2、第六意識：思考與分別的能力，進行概念化與判斷。
3、第七末那識：自我意識，執著於「我」的存在。
4、第八阿賴耶識：儲存潛在種子的深層心識，為萬法的根本。

修行目標：通過轉識成智，將八識轉化為智慧（如大圓鏡智、平等性智等），達到內心清淨與解脫。

15-3 大腦專注模式與唯識學的對應關係

大腦專注模式	唯識學對應	修行層次	影響與啟示
狹隘專注	第六意識（分別意識）	初階修行：專注力與分辨力的培養	幫助修行者集中於呼吸、咒語或觀想對象，有助於定力與分析，但可能陷入過度分別與執著。
開放專注	第七末那識（自我觀照）	中階修行：觀照內心，放下我執	開展對內在情緒、念頭的覺察，減少對自我與外界的執著，增強接納與寬容。
無分別智（超越專注）	第八阿賴耶識（轉識成智）	高階修行：證入空性，達到無分別智	放下所有對象與概念，心識達到無執著的空性境界，體驗真如與大圓鏡智。

1、狹隘專注與第六意識：分別與分析的修行起點

- 第六意識負責分別與判斷，類似於狹隘專注中集中注意力於單一對象的過程，如專注於呼吸、觀想佛像或持誦咒語。這種專注模式有助於培養定力，使心識穩定，減少外界干擾。
- 修行層次：在唯識學的初步修行中，透過狹隘專注，修行者可以專注於特定的修行對象，如觀想或禪定，有助於辨別正見與邪見。然而，過度依賴第六意識的分別功能，可能導致執著，阻礙進一步的心靈成長。

唯識觀點：分別心（狹隘專注）是修行的起點，但需警惕不要執著於外在現象，否則容易陷入「所知障」。

2、開放專注與第七末那識：自我觀照與放下執著

- 第七末那識是一種潛在的自我意識，會不斷執著於「我」的存在。開放專注透過對內外經驗的全

面覺察,讓修行者能夠觀察自我意識的運作,進而放下執著。
- 修行層次:在中階修行中,修行者學會將注意力從特定對象擴展到整體經驗,覺察情緒與念頭的生起與消逝,並理解這些現象的無常性與空性。這種覺察有助於鬆動對「我」的執著,增強對緣起法的理解。

唯識觀點:開放專注幫助修行者覺察「末那識」的微細活動,減少自我中心的思維模式,邁向無我境界。

3、超越專注與第八阿賴耶識:轉識成智,證入空性

- 第八阿賴耶識(藏識)儲存一切潛在的業力種子,是一切現象的根源。唯識學強調通過修行將阿賴耶識中的煩惱種子轉化為智慧,達到「轉識成智」的目標。
- 超越專注(無分別智):當修行者能超越狹隘與開放專注的二元對立,進入純粹的覺知狀態,這就是唯識學中的「無分別智」。在此狀態下,心

識不再執著於任何對象或經驗,達到如如不動的空性境界。

唯識觀點:通過長期的開放專注與狹隘專注的交替修行,最終可以淨化阿賴耶識中的煩惱種子,證入空性,達到真正的解脫。

15-4 實際應用：如何在修行中運用專注模式

1、初階：狹隘專注的應用

- 方法：專注於呼吸、觀想佛像、持誦咒語或數息。
- 目標：培養穩定的專注力，減少分心與雜念，建立心靈的基礎定力。

2、中階：開放專注的應用

- 方法：觀察念頭、情緒與身體感受，保持不批判的態度，進行內觀（Vipassana）或正念（Mindfulness）練習。

- 目標：覺察自我意識的活動，減少對自我與外界的執著，培養平等心。

3、高階：超越專注的應用

- 方法：在不刻意控制的狀態下，保持純粹的覺知，體驗萬法皆空的真如實相。
- 目標：達到無分別智的境界，轉化阿賴耶識中的煩惱種子，證得解脫。

15-5 大腦專注模式與唯識學的融合智慧

- 狹隘專注對應唯識學的第六意識,幫助修行者建立基礎定力,但需避免過度執著。
- 開放專注對應第七末那識,促進對自我意識的觀照,有助於放下「我執」。
- 超越專注最終引導修行者轉化第八阿賴耶識中的煩惱種子,證入空性,達到無分別智的境界。

透過大腦科學與唯識學的結合,我們可以更深入理解心識的運作機制,並在實踐中提升自我覺察與智慧,最終達到身心靈的和諧與解脫。

第16章

腦葉與佛法修行

大腦有四大腦葉（額葉、頂葉、枕葉、顳葉）的功能與佛法修行對應起來，
是一種探索心智與靈性成長的深層次思考方式。
佛經中常提到的各種修行方法，如禪定、觀想、戒律、智慧開發等，
這些都可以與大腦不同腦葉的功能密切相關。
透過對應的修行方式，可以幫助開發不同的腦區，提升修行的深度與完整。

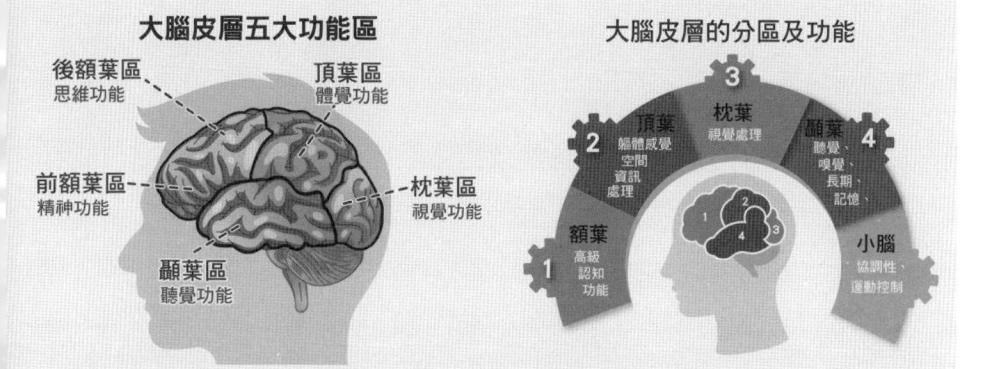

大腦皮層五大功能區

- 後額葉區：思維功能
- 頂葉區：體覺功能
- 前額葉區：精神功能
- 枕葉區：視覺功能
- 顳葉區：聽覺功能

大腦皮層的分區及功能

1. 額葉：高級認知功能
2. 頂葉：軀體感覺、空間資訊處理
3. 枕葉：視覺處理
4. 顳葉：聽覺、嗅覺、長期記憶
- 小腦：協調性、運動控制

16-1 額葉（Frontal Lobe）

額葉（Frontal Lobe）——主要的功能在做決策、計劃、邏輯思維、自我控制、專注力等等。對應《金剛經》的般若智慧與無我之見。

修行意涵：

- 般若智慧的開發：額葉負責高層次的邏輯思考與決策能力，《金剛經》中提到的「應無所住而生其心」，教導我們超越執著、以智慧觀照世間無常，這正與額葉的抽象思維能力相呼應。
- 正念與覺察：額葉的專注力控制功能與《金剛經》中強調的「持心如鏡，不著塵埃」一致，幫助修

行者保持正念，不為外界所擾。
- 無我與自我控制：《金剛經》反覆強調「無我、無人、無眾生、無壽者」，額葉的自我控制功能，幫助修行者克制欲望與我執，逐步體悟空性智慧。

相關經典：

- 《金剛經》：強調破除執著與無我觀念，屬於深層的自我反思與認知重建過程，這需要額葉的高度參與。在實踐中，當修行者進行無我觀察和空性的思維時，額葉被活化，協助打破固有思維模式。
- 《楞嚴經》：探討如何認識心性本源，透過深層的禪定與觀照，額葉參與內省和意識提升過程。

唯識學派：唯識學派強調「轉識成智」，尤其是第六意識（思維判斷）與第七末那識（自我意識），這些都與額葉的功能密切相關。轉換認知習慣與破除我執，需要額葉進行自我監控和深層反思。

16-2 頂葉（Parietal Lobe）

頂葉（Parietal Lobe）——主要功能在感觀整合、空間意識、身體感知等等。對應《大念處經》透過覺察呼吸與身體感受，培養深層次的覺知。

修行意涵：

- 身體覺察與內觀：《大念處經》提倡四念處修行，其中身念處強調對呼吸、姿勢、行住坐臥的覺察，這正與頂葉控制的感官整合和身體意識功能相符。
- 觀身不淨：《大念處經》中提到的觀身不淨法門，透過深入觀察身體的無常和不淨，引導修行者超

越對身體的執著，這與頂葉對身體感知的深度反思有關。
- 身體掃描與止觀雙運：頂葉的空間意識有助於進行身體掃描（如內觀禪法），逐步達到身心統一的止觀雙運狀態。

相關經典：

- 《華嚴經》：描述法界無盡的相互連結與緣起性空，這與頂葉對空間與整體感知的處理有關。修行者在觀想法界緣起時，頂葉參與空間和自我邊界的模糊化，增強對整體一體性的體驗。
- 《圓覺經》：強調圓滿覺悟的境界，修行中對內在與外在的界限感消失，可能與頂葉調節自我意識相關。

神經科學研究：研究顯示深度冥想或禪定會降低頂葉的活動，使人感受到「無我」或「合一」的經驗，這正呼應了佛教修行中對自我界限的超越。

16-3 枕葉（Occipital Lobe）

枕葉（Occipital Lobe）——主要功能在視覺處理、圖像想像、形象思維等等。對應《觀無量壽經》的觀想修行，達到心境的昇華與空性智慧。

修行意涵：

- 觀想修行（Visualization Practices）：《觀無量壽經》詳細描述了觀想阿彌陀佛和西方極樂世界的修行方法，這需要高度的視覺化能力，與枕葉的視覺處理功能密切相關。修行者透過觀想，將注意力集中於極樂世界的清淨境界，達到心境的昇華。

- 曼陀羅與本尊觀想：在密宗或其他法門中，修行者會進行本尊觀想或曼陀羅觀想，枕葉的圖像處理功能幫助修行者深入視覺化這些神聖圖像，強化修行的效果。
- 色即是空的體悟：枕葉雖負責視覺，但佛法中的「色即是空，空即是色」教導修行者超越表象，洞察事物的本質，這正是觀想修行的終極目標。

相關經典：

- 《法華經》：以豐富的譬喻與視覺化象徵來說明佛法，這些視覺化的冥想練習會刺激枕葉的活動。例如，觀想「寶塔」或「蓮花」等象徵性圖像，有助於修行者集中注意力，提升覺知。
- 《無量壽經》：描述極樂世界的光明與美景，透過視覺化的觀想，修行者可以激活枕葉，增強心靈的清淨與寧靜感。

修行應用：視覺化冥想可以幫助集中意念，進入更深層的禪定狀態。這些視覺經驗不僅是感官上的，也是心靈修行的重要部分。

16-4 顳葉（Temporal Lobe）

顳葉（Temporal Lobe）──主要功能：顳葉處理聽覺、語言理解及記憶，也與情緒和靈性體驗密切相關。顳葉的顳中回（Middle Temporal Gyrus）與海馬迴區域與靈性體驗特別有關。

修行意涵：

- 記憶與法的傳承：顳葉負責長期記憶的儲存，修行者通過背誦與聽聞佛經，深化佛法的理解與實踐。

相關經典：

- 《阿含經》：作為早期佛教的基礎經典，注重實際的修行方法和戒律，涉及大量的聽聞佛法（聽覺處理），這與顳葉的功能緊密相關。
- 《楞嚴經》：提到「耳根圓通」，強調透過聽覺作為修行的門徑。這種修行方法直接涉及顳葉的聽覺處理與內在聲音的觀照。

唯識學派：顳葉與記憶系統有關，而唯識學派提到「阿賴耶識」（第八識）作為儲存一切種子的潛意識層面，這可以與現代神經科學中的潛意識和記憶儲存概念進行對應。

16-5 總結：經典與腦葉功能的整合修行

區域	修行意涵	相關經典
額葉	自我反思、破除我執	《金剛經》、《楞嚴經》
頂葉	空間與無我經驗	《華嚴經》、《圓覺經》
枕葉	視覺化冥想與象徵觀想	《法華經》、《無量壽經》
顳葉	聽覺修行與靈性體驗	《阿含經》、《楞嚴經》

透過這樣的結合，可以將佛教的修行方法與現代神經科學的理解相輔相成，不僅幫助修行者更科學地理解修行過程，還能促進大腦不同區域的健康運作，達到身心靈的全面平衡。

第17章

腦波、量子與禪修

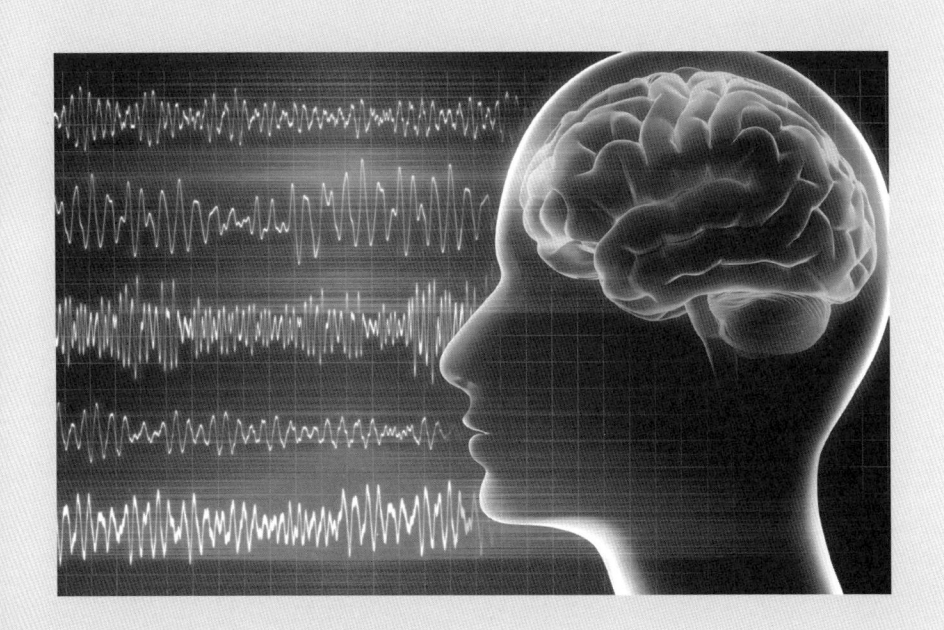

17-1 腦波和佛法修行、禪定之間有密切的關聯

　　腦波（Brain Waves）是大腦神經元活動產生的電訊號，依其頻率可分為五種類型：γ 波（30-100Hz）、β 波（13-30Hz）、α 波（8-13Hz）、θ 波（4-8Hz）和 δ 波（0.5-4Hz）。

　　不同的腦波頻率反映了人們不同的心理狀態，包括放鬆、警覺、專注、創造力和深度冥想等。而禪定過程中，腦波會出現顯著的變化，對修行者的身心有深遠影響。

　　禪修與腦波之間的關係，可以從神經科學與意識狀態的角度來理解。通常分為五種類型，每種類型對應不同的意識狀態：

1、β 波（Beta, 13-30Hz）——清醒與專注

- 當我們處於日常工作、學習、思考或決策時，β 波占主導地位。
- 但如果 β 波過強，可能會導致焦慮與壓力升高。

2、α 波（Alpha, 8-12Hz）——放鬆而清醒狀態

- 當我們進入輕度冥想、靜坐或放鬆狀態時，α 波會增加。
- 這種狀態有助於減少壓力，讓人感受到內在的平靜，提高創造力與內在覺察。
- 這與佛法中強調的「身心放下」和「當下覺察」的修行階段相呼應。

3、θ 波（Theta, 4-8Hz）——深度冥想與潛意識啟動

隨著禪定的深入，腦波會逐漸轉為 θ 波，這是介

於清醒與睡眠之間的狀態。此時人們會進入深度的冥想狀態，潛意識活動增強，內在的直覺和洞察力變得敏銳。

- 深入的禪定或靜坐可激發 θ 波，這與潛意識活動、內在視覺（如靈感、夢境）和直覺有關。
- 長時間進入 θ 波狀態，可能帶來更深層的心靈療癒與洞察力。
- 佛法中講的「內觀」和「觀照自心」常在這個階段出現，修行者能更深入地觀察自我與宇宙的本質。

4、δ 波（Delta, 0.5-4Hz）──深層覺知與無我狀態

更高層次的禪定（例如進入四禪八定的狀態），腦波可能會出現 δ 波，這是深度睡眠中常見的腦波，但禪修者在此狀態下仍保持覺知，達到一種超越平常意識的深層寧靜。

- 這是最慢的腦波，與深層睡眠和身體修復有關。

- 高度修行者（如瑜伽大師、禪修者）可在清醒狀態下產生 δ 波，進入「無我」或「合一」的境界。
- 這與佛教中提到的「無我」或「空性」的體悟相關，修行者可能經歷身心超越的覺醒體驗。

5、γ 波（Gamma, 30-100Hz）──高層次意識與頓悟

- 某些高級修行者（如經驗豐富的禪師或瑜伽行者）在深度禪定或慈悲觀想時，會產生大量的 γ 波。顯示出大腦的可塑性和修行對大腦結構的正面影響。
- 科學研究發現，深度禪修者的 γ 波活動比普通人更強，這種腦波與高度專注、心流狀態、靈性開悟以及深層的慈悲心有關。

17-2 腦波的種類與意識狀態

大腦的神經元活動會產生不同頻率的腦波,這些腦波對應著各種不同的意識狀態:

腦波類型	頻率(Hz)	意識狀態	禪修影響
β 波 (Beta)	13-30Hz	清醒、思考、壓力、焦慮	初學禪修者仍可能維持 β 波,因為思緒未能完全靜止
α 波 (Alpha)	8-12Hz	放鬆、平靜、輕度冥想	進入初階禪修,心念趨於穩定,開始體驗當下的覺知

腦波類型	頻率(Hz)	意識狀態	禪修影響
θ波 (Theta)	4-8Hz	深度冥想、潛意識啟動、直覺	進階禪修者進入深層內觀,可能出現靈感、內在圖像
δ波 (Delta)	0.5-4Hz	深層睡眠、無意識、身體修復	高階禪修者在清醒狀態下產生δ波,達到「無我」或「空性」境界
γ波 (Gamma)	30-100Hz	高度專注、頓悟、慈悲心、超意識	深度禪修者(如藏傳佛教僧侶)在冥想時產生強烈γ波,代表高層次的覺知與合一

17-3 禪修如何影響腦波？

佛教修行（如冥想、持咒、禪定）可以改變腦波，使修行者進入「更高頻率的意識狀態」。

1、初學者：從 β 波轉向 α 波

- 剛開始禪修時，思緒仍然活躍，β 波占主導。
- 隨著呼吸調整、專注當下，β 波逐漸減弱，α 波開始增強，使大腦進入平靜、專注的狀態。

2、進階修行者：θ 波的增強

- 隨著禪修深入，思維活動減少，θ 波增強。
- 這種狀態下，潛意識開始運作，可能產生直覺、靈感，甚至超越時間與空間的體驗。

3、高階修行者：δ 波與 γ 波的顯現

- δ 波的出現：某些禪修大師可以在清醒狀態下產生 δ 波，進入深層靜定（Samadhi），體驗「無我」或「空性」境界。
- γ 波的出現：研究顯示，藏傳佛教的僧侶在深度冥想時，γ 波活動顯著增強，這與「慈悲心擴展」、「頓悟」、「極樂狀態」有關。

17-4 禪修與腦波的科學研究

- 哈佛大學與麻省理工的研究顯示，長期禪修者的大腦結構發生變化，與專注力、情緒穩定相關的腦區增厚。
- 美國威斯康辛大學研究發現，藏傳佛教僧侶在禪修時，其 γ 波活動顯著提升，顯示出高度的意識與覺察能力。
- 日本京都大學的研究指出，禪修可降低 β 波活動，使大腦進入更加放鬆與專注的狀態。

17-5 禪定與神經可塑性

現代神經科學研究表明，長期禪修可以改變大腦結構，特別是增加與注意力、情緒調節和自我覺察相關的腦區灰質密度，這被稱為神經可塑性。

這與佛法中「修習正念」與「持續修行」逐步改變心識的觀點不謀而合。

總的來說，佛法修行和禪定過程中，腦波的變化體現了意識層次的提升與身心的淨化。現代神經科學為這些古老修行法門提供了生理和心理層面的解釋，證明了禪修對於減壓、增強專注力、提升幸福感和自我覺察的積極影響。透過禪定，不僅能達到精神上的覺醒，還能實現大腦功能的最佳化。

腦波與修行禪定之間的關係，主要體現在意識狀態

的變化與大腦活動的調整。透過禪定，修行者能夠改變腦波頻率，進入更深層的覺知狀態，進而影響身心靈的整體平衡。

17-6　禪修與腦波的應用

- 減少壓力與焦慮：禪修幫助降低 β 波，使人從焦慮狀態轉向平靜。
- 增強專注力與創造力：α 波與 θ 波的提升，使心靈更加敏銳，創造力增強。
- 促進身心療癒：δ 波的出現與深層修復有關，能增強免疫力與身體自癒能力。
- 提升靈性與頓悟：γ 波的增強，意味著更高層次的慈悲、智慧與宇宙合一的體驗。

禪修透過改變腦波，使修行者從日常的 β 波（思緒紛亂），逐步進入 α 波（放鬆）、θ 波（內觀）、δ 波（無我），甚至產生 γ 波（頓悟與合一）。

這不僅是精神修行的過程,也是神經科學可測量的生理變化。長期禪修能夠提升專注力、減少壓力、促進身心健康,甚至開啟更高層次的意識體驗。

17-7 佛法修行如何影響腦波與量子世界？

科學研究顯示，禪修者的腦波與普通人不同，這是否意味著修行可以影響量子層次？以下是可能的機制：

1、禪修產生高頻腦波（γ 波）→提升意識能量場

- 高度冥想時，腦波可能與宇宙能量（量子場）產生共鳴。

2、意識可能影響物質（觀察者效應）

- 高度專注的意識（如修行者）可能改變自身能量，甚至影響外界現實。

3、心念共振影響量子場（集體意識）

- 例如，集體冥想時，參與者的腦波同步，可能產生更大的能量共鳴。

三者的關聯與應用：

1、意識影響物質：腦波（意識狀態）與量子場的互動，可能解釋某些超心理現象，如心靈感應、念力等，這與佛法中的「禪修感應」類似。
2、修行影響能量：佛法修行（如持咒、禪定）會改變腦波頻率，使人進入高能量狀態，這可能與量子場的頻率共振有關。
3、實踐應用：科學研究顯示，冥想與正念訓練能改變大腦機能，提高專注力與健康水平，這與佛教修行的效果相符。

17-8 科學研究

雖然尚未能完全證實「意識如何影響量子世界」,但已有跡象顯示:

- 腦波代表意識的頻率變化,禪修可提升腦波狀態(γ波增強)。
- 量子力學顯示意識可能影響物質(觀察者效應)。
- 佛法早在千年前即指出「心識決定世界」,與現代科學有共鳴。

這意味著：

- 佛法修行可能是一種「調頻」的過程，使個人進入更高層次的能量狀態，甚至影響外界現實。
- 未來科學可能會進一步證實：意識、能量、物質之間的關係，比我們想像的更加深奧！

第18章

如何見如來

（須菩提）不應以三十二相觀如來（世尊）若以色見我，以音聲求我，是人行邪道，不能見如來。

——《金剛經：法身非相分第二十六》

18-1 三十二相

我們不能以三十二相的莊嚴相好來觀察如來,因為如來的實相是遠離一切眾相,才能明見的;如果以外在的色相、音聲,不能見到如來的實相。

如來的三十二相,無論手、腳、耳朵,全身都是圓滿具足的,這都是由慈悲心而成就的。佛陀的三十二種莊嚴相好,如下:

(一)足安平相,(二)千輻輪相,(三)手指纖長相,
(四)手足柔軟相,(五)手足縵網相。
(六)足跟廣平相,(七)足趺高滿相,
(八)腨如鹿王相,(九)垂手過膝相,
(十)馬陰藏相,(十一)身縱廣長相等相,(十二)

毛孔生青琉璃色相,(十三)身毛右旋相,(十四)身金色相,(十五)常光一丈相,

(十六)皮膚細滑相,(十七)七處隆滿相,

(十八)兩腋下隆滿相,(十九)身如獅子相,

(二十)身端直相,(二一)肩圓滿相,

(二二)四十齒相,(二三)齒白齊密相,

(二四)四牙白淨相,(二五)獅子頰相,

(二六)得上味相,(二七)廣長舌相,

(二八)梵音深遠相,(二九)眼色紺青相,

(三十)睫如牛王相,(三一)眉間白毫相,

(三二)肉髻相。

18-2 低熵值腦的角色

重點在於不要著相,才能見如來。由腦科學觀點,如來屬宇宙意識(阿賴耶識),頭腦要對接宇宙意識,要以量子腦(末那識)的狀態。

我們在頭腦與熵章節(第六章)談到,頭腦要以低熵值狀態,才容易對接宇宙意識,也就是頭腦意識對接宇宙意識的條件。

高熵值腦 (High Entropy Brain)	低熵值腦 (Low Entropy Brain)
內耗，混亂	結晶
執著產生對立	自在圓融
激情，冷漠	熱情
固執，嚴肅	創意，有趣
外力擺布	自發自主
人云亦云	自主學習，獨立思考
漫無目標	正面目標
製造混亂	和諧圓融
惡性競爭，不和諧	互惠合作
自私排他	同理心，共振力

18-3　松果體的角色

頭腦透過松果體（Pineal Body）的運作，跟宇宙信息對接。

```
靈（Spirit）                                    魂（Soul）
宇宙信息      ⟹    松果體    ⟹    潛意識
（第八識）                                     （第七識）
```

松果體位於兩眉中心後方，位於中腦後方豌豆大小的扁錘狀小體。有關其功能的研究如下：

1、松果體是人體生物鐘的調控中心。凌晨 1 點到

4 點之間,分泌退黑激素(Melatonin),幫助睡眠,也影響許多神經活動及意識狀態,進而間接調節 CEN 和 DMN 的活動。
2、松果體具有感知的能力,分泌二甲基色胺(DMT),會刺激腦部產生幻覺、幻視、幻聽,產生靈魂離體(OOBE;Out Of Body Experience)的現象,甚至被認為能接受宇宙訊息。
3、松果體具有直接感官的功能,被稱為「第三眼」。
4、松果體被認為是連結物質界與精神世界的視窗,會產生愉悅感與合一感,被稱為「靈魂之座」。

松果體被喻為「靈魂之座」,可以視為「腦內晶片」,活化時,能夠接收宇宙信息(第八識),融入潛意識(第七識)。

松果體與超感知(靈性)

一些研究與哲學觀點認為,松果體不僅與睡眠和意識調控有關,還可能影響「高層次意識狀態」,例如冥

想、靈感湧現、直覺感知等。

　　這可能與 DMN 的高度活躍有關，因為當 DMN 充分運作時，人們更容易進入創意、靈感或超越感（transcendence）狀態。

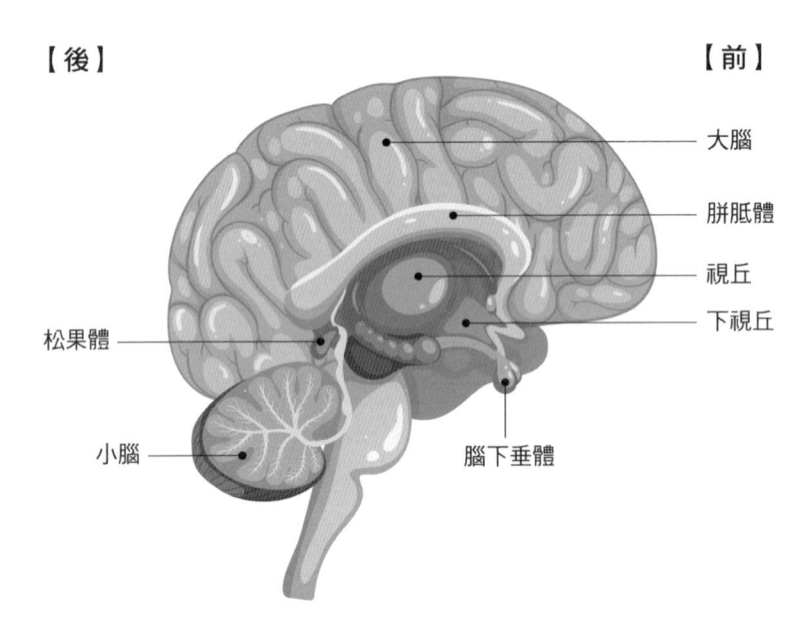

【後】　　　　　　　　　　　　　　　【前】

　　　　　　　　　　　　　　　　大腦
　　　　　　　　　　　　　　　　胼胝體
　　　　　　　　　　　　　　　　視丘
　　　　　　　　　　　　　　　　下視丘
松果體
　　　　　　　　　　　　　　　　腦下垂體
小腦

18-4 如來與宇宙意識

如來洞悉宇宙真相,融入宇宙意識,是為菩薩或佛(覺者)。不執著,不對立,於不二境,一切圓融。涅槃寂靜,具大圓鏡智。四禪八定中,已經進入四空定。

	運作中心	心智訓練	轉識成智	法印
前五識	下視丘（生命力）	禪與放下（不執著）	成所作智	諸行無常 諸受是苦
第六識	前額葉（專注力）	禪與放下（不執著）	妙觀察智	諸法無我
第七識	松果體（直覺力）	友善與超越（不對立）	平等性智	於不二境
第八識		喜悅與歡慶（圓融）	大圓鏡智	涅槃寂靜

在佛法中,「見如來」並不單指見到一個具象的佛陀形象,而是指親證「如來佛性」的真相,達到究竟的覺悟。這並非透過肉眼看到一個神聖的存在,而是透過內在的修行與智慧,體悟宇宙與生命的本質。

《金剛經》說:「**若以色見我,以音聲求我,是人行邪道,不能見如來。**」這句話的意思是:如果我們試圖用眼睛去尋找一個具體的佛陀形象,或者用耳朵去聽某種聲音來找到佛,那就錯了,因為如來並不是一個有形有相的存在,而是無相的真理。

18-5 何謂「如來」？

「如來」的意思是「如實而來，隨順真理而來」，代表不生不滅、超越一切執著的覺悟狀態。

- 如來不是一個特定的個體，而是指一種徹底開悟、圓滿覺知的境界。
- 每個人本具「如來佛性」，但因為被無明、執著所覆蓋，所以未能覺察。
- 見如來，就是見到自己本具的覺性，這與外在的形式無關，而是內在的證悟。

18-6 如何見如來？

「見如來」並不是透過感官尋找一個形象,而是透過修行體悟「清淨、無我、當下」的本性。

1、離相——破除對外在形象的執著

- 佛法強調:「**見相非相,即見如來。**」
- 這意味著,如果我們執著於佛陀的外在形象,而不去理解佛的智慧與慈悲,就無法真正見到如來。
- 放下對外在形式的執著,才能見到內在的真理。

實踐方式：

- 或靜坐，內觀自己的念頭，不執著於「我是誰、我要追求什麼」，回到當下的純粹存在。
- 體會「所有現象都是暫時的，不可執著於任何形式」。

2、無我──超越小我，體驗如來佛性

- 《金剛經》：「無我相、無人相、無眾生相、無壽者相，即見如來。」
- 如來的境界是「無我」的，即超越個人自我的限制，不執著於「我是誰」、「我的成就」這些概念。
- 當我們放下小我的界限，體會到生命的無限性，就能接近如來的智慧。

實踐方式：

- 修習「無我觀」，體會身心不斷變化，沒有一個固定的「我」。

- 培養慈悲心，放下「個人利益」的執著，將心胸擴展到所有眾生。

3、當下——不向外求，如來就在當下

- 許多人誤以為「成佛」或「見如來」是遙遠的未來境界，但佛法強調：「如來即在當下」。
- 《六祖壇經》：「若欲見如來，當淨其心，令其不染，無來無去，無是無非，無取無捨，無人無我，無凡無聖，湛然清淨，即是見如來。」
- 這意味著，當我們的心清淨無染，不受過去與未來牽絆，真正活在當下，那麼如來就在這一刻顯現。

實踐方式：
- 禪修：專注於呼吸，觀察當下的每一刻，體會「本來無一物」的清淨心。
- 正念生活：無論走路、吃飯、說話，都保持覺知，不受妄念拉扯。

18-7 什麼時候才算真正「見如來」?

當你不再執著於「見與不見」,而是活在當下、覺知一切,這時你已經與「如來」無二無別。

- 「見如來」並不是一個終點,而是一種持續的體悟。
- 它不在遠方,而是在當下的每一個覺知瞬間。
- 當你放下所有尋找的執著,當下清淨無染,就是見如來。

六祖開悟偈：何期自性本自清淨！
　　　　　　何期自性本不生滅！
　　　　　　何期自性本自具足！
　　　　　　何期自性本無動搖！
　　　　　　何期自性能生萬法！

18-8 見如來，就是見自己的清淨覺性

- 如來不是在天上，也不是在廟宇裡，而是在你的心中。
- 當你放下執著、無我、活在當下，如來就自然顯現。
- 真正的「見如來」，是透過修行與智慧，體悟自己的佛性，並將這份覺悟運用在日常生活中。

「若見諸相非相，即見如來。」

當你不再執著於表相，而能直接體驗無相的真理，這時你就真正見到了如來。

正念與心流：腦科學解說佛法

作　　　者／陳慕純　孫崇發
發　行　人／張寶琴
總　編　輯／周昭翡
主　　　編／蕭仁豪
資 深 編 輯／林劭璜
編　　　輯／劉倍佐
特 約 編 輯／潘劭真
資 深 美 編／戴榮芝
內 頁 製 圖／程玲俐
業務部總經理／李文吉
發 行 助 理／詹益炫
財　務　部／趙玉瑩　韋秀英
人 事 行 政 組／李懷瑩
版 權 管 理／蕭仁豪
法 律 顧 問／理律法律事務所
　　　　　　陳長文律師、蔣大中律師

出　版　者／聯合文學出版社股份有限公司
地　　　址／臺北市基隆路一段178號10樓
電　　　話／（02）27666759轉5107
傳　　　真／（02）27567914
郵 撥 帳 號／17623526 聯合文學出版社股份有限公司
登　記　證／行政院新聞局局版臺業字第6109號
網　　　址／http://unitas.udngroup.com.tw
　　　　　　E-mail:unitas@udngroup.com.tw

印　刷　廠／約書亞創藝有限公司
總　經　銷／聯合發行股份有限公司
地　　　址／231新北市新店區寶橋路235巷6弄6號2樓
電　　　話／（02）29178022

版權所有・翻版必究
出 版 日 期／2025年8月　　　初版
定　　　價／380元

Copyright © 2025 by Muh-Chun Chen & Winston Sun
Published by Unitas Publishing Co.,Ltd
All rights reserved.
Print in Taiwan

ISBN　978-986-323-709-9（平裝）　　（本書如有缺頁、破損、裝幀錯誤，請寄回調換）

國家圖書館出版品預行編目資料

正念與心流:腦科學解說佛法
/陳慕純、孫崇發著.
-- 初版. -- 臺北市:聯合文學, 2025.08
240 面;14.8x21 公分. --(健康生活;45)

ISBN 978-986-323-709-9(平裝)

1.CST: 宗教與科學 2.CST: 佛教修持

220.163　　　　　　　　　　　　114010531